Jan Eik
Der Berliner Jargon

Jan Eik

Der Berliner Jargon

Mit einem Vorwort von
Jutta Voigt

Jaron Verlag

Originalausgabe
3. Auflage 2018
© 2008 Jaron Verlag GmbH, Berlin
Alle Rechte vorbehalten. Jede Verwertung des Werkes und
aller seiner Teile ist nur mit Zustimmung des Verlages erlaubt.
Das gilt insbesondere für Vervielfältigungen, Übersetzungen,
Mikroverfilmungen und die Einspeicherung und Verarbeitung
in elektronischen Medien.
www.jaron-verlag.de
Satz: LVD GmbH, Berlin
Druck und Bindung: CPI books GmbH, Leck

ISBN 978-3-89773-852-2

Inhalt

JUTTA VOIGT
Über das Verschwinden des Berliner Dialekts   7

Das Berlinische an sich und als solches
Dialekt und Vorurteil   12

Aus Glogau, Gardelegen und Radeburg
Alles waschechte Berliner   18

Von »acheln« bis »ssappendusta«
Die berlinische Aussprache   24

»Meen' Se mir?«
Grammatik und Akkudativ   34

»Breejenklütrich, aba mit 'n Wuppdich«
Der Berliner Wortschatz   45

Zwischen Wannsee und Herzberje
Betonung frei nach Schnauze?   70

»Hungerharke« und »Renommierpimmel«
Berlins angeblicher Volksmund   74

Bescheidenheit ist eine Zier
Berlinische Redewendungen und Reime   76

Literaturauswahl   80

Jutta Voigt

Über das Verschwinden des Berliner Dialekts

In der Berliner Gesellschaft zu berlinern ist, als würde man mit dem Hummerbesteck seine Frisur richten. »Haste ma 'n Euro?« – mit der allseits bekannten Losung der Loser scheint für die Verächter des Berliner Idioms alles gesagt zu sein: Der Berliner Dialekt ist die Sprache der Armen, der Verlierer, der Hinterhöfe. Wer berlinert, hat nichts zu melden außer seinen Namen auf den Fluren der Arbeitsämter und Sozialhilfestellen. Wer was zu sagen hat, berlinert nicht, der hat Abitur, Aktien und einen Arbeitsplatz, der bucht sein Flugticket auf Englisch und ist auch sonst fatal global. Berliner Dialekt ist was für Taxifahrer oder Türken aus Kreuzberg. Wer seinen Kindern was Gutes tun wollte, hat ihnen verboten zu berlinern. Man trifft in dieser Stadt Leute, die in Berlin geboren wurden, aber ebenso gut sonst wo zur Welt gekommen sein könnten. Kein Zungenschlag erinnert mehr an die raue Melodie der Straßen ihrer Kindheit. Spiel nicht mit den Schmuddelkindern, sing nicht ihre Lieder, vor allem aber: Sprich nicht ihre Sprache! Auch Hamburger, Kölner oder Stuttgarter reden, sofern beruflich aufgestiegen, makellos steriles Hochdeutsch. Stoßen sie in der Hauptstadt auf Menschen, die berlinern, meinen sie, in der Gosse gelandet zu sein. Der Schein trügt.

Die Mauer hatte Berlin nicht nur in Ost und West geteilt, nicht nur ideologisch, ökonomisch und mental, sondern auch sprachlich: In Westberlin, der Frontstadt, aus der sich die großen Industrie-Unternehmen AEG, Borsig und Siemens verabschiedet hatten und mit ihnen die dazugehörigen Arbeiter, wurde am Ende der Mauerjahre mehr geschwäbelt als berlinert. Der Großstadt-Jargon hatte entweder dörflicher Mundart Platz gemacht oder einem Hochdeutsch, durch das der heimische Dialekt schimmerte wie ein Dreckrand, den es wegzuschrubben galt – wozu hatte man den *General* im Haus. Als eine Freundin, die in den 1980er Jahren nach Westberlin ausgereist war, sich dort bei einem Filmvertrieb bewarb, gab man ihr zu verstehen, dass sie sich erst einmal ihren Dialekt abgewöhnen solle.

Berlinert wurde nur noch ganz unten, in Wedding und Neukölln. Und im Osten.

In der Hauptstadt der DDR erfasste der Berliner Dialekt alle Schichten, die gebildeten wie die ungebildeten – hier berlinerte der Bauarbeiter wie der Bildhauer, der Professor wie der Straßenbauer, die Schauspielerin wie die Verkäuferin. Unterschiede gab es nur in der Grammatik. Die Intellektuellen verzichteten bei aller Solidarisierung mit den Helden der Arbeit nicht auf die richtige Anwendung der Fälle. Berliner Dialekt zu sprechen war so staatstragend wie subversiv. Staatstragend, weil es sich um die Idee einer Diktatur des Proletariats handelte. Somit war das Mundwerk der kleinen Leute allgemeiner Konsens. Gefallen haben kann das bilderreiche, konkrete Berliner Idiom den gern ins Abstrakte flüchtenden Genossen nicht. Sie waren ja Aufsteiger und wollten was Besseres darstellen. Eine ursprüngliche Sprache hätte ihnen eigentlich verdächtig sein müssen. Doch konnte man der führenden Klasse schlecht das Maul verbieten, jedenfalls was die Mundart betraf, da gab es Schlimmeres, was verhütet werden musste.

Subversiv wirkte der Berliner Dialekt, weil das Berlin des Ostens fast ausschließlich von Sachsen regiert wurde, angefangen vom Stimm-Eunuchen Walter Ulbricht, endend bei den Parteisekretären aus Erfurt und Suhl, die geholt wurden, um Berliner Großbetrieben und Akademien den wahren Sozialismus beizubringen. Die Berliner wehrten sich gegen die sächsische Invasion – Berlinern war die Rebellion der Nüchternheit gegen die Phrase, der Triumph der Realität über die Schönfärberei, ein linguistischer Protest gegen die Bonzen aus Sachsen.

Das angeborene Bedürfnis des Berliners, Bedeutungsblasen zu schrumpfen, die Dinge zu erden und auf ihr wahres Maß zurechtzustutzen, konnte pseudosozialistische Propagandisten in arge Verlegenheit bringen.

Auch heute ist das Berlinische bestens geeignet, die Mehr-Schein-als-Sein-Welt ohne Fisematenten vom Kopf auf die Füße zu stellen. Hamse's nich ne Nummer kleiner?, fragt der Berliner, wenn ihm was allzu aufgepustet daherkommt, wenn eine Politiker-Pose vor Pathos zu platzen droht – seine Aversion gegen schwindelnde Höhen ist bekannt. »Von der Idee spricht der Berliner nur, wenn er etwas ganz, ganz besonders Winziges meint« (Walter Benjamin): Könnse den Wein bitte 'ne Idee kühler servieren?

Der Hang zum Konkreten war schon immer eine Eigenart der Bewohner dieser Stadt. Als die Nazis kamen, tat der Maler Max Liebermann, Präsident der Preußischen Akademie der Künste, seinen bekannten Ausspruch: »Ick kann janich so viel fressen, wie ick kotzen möchte« – genauer geht's nicht.

Als die Mauer fiel, strömten Hunderttausende Ostberliner mit dem Ruf »Wahnsinn, Mann!« nach Westberlin. Wäre dort mehr berlinert worden, hätte sich das Zusammenwachsen der beiden Stadthälften einfacher gestaltet. Die Teilung der Sprache enttäuschte, man wähnte sich nah und wurde sich fremd. Man wunderte sich im Westteil der Stadt, »dass sogar gutgekleidete, also der sozialen Oberschicht zugehörige Ostberliner deutlich Mundart sprechen«. Im Ostteil wunderte man sich, dass in Schöneberg »keen Aas berlinert«. Und so ist das Berlinische in Prenzlauer Berg, Mitte oder Weißensee zu einem Refugium der Erinnerung, zu einer Identitätsfrage geworden, zu einem

Test auf das eigene Selbstbewusstsein, einem Spiel mit den Konventionen. Der Erfolg Ostberliner Politiker und Künstler war eng verbunden mit dem Bekenntnis zu ihrer berlinischen Herkunft, von Gregor Gysi über Regine Hildebrandt bis zu dem Radiomoderator Jürgen Kuttner, der Sängerin Bettina Wegner und dem Kultregisseur Frank Castorf. Berliner Dialekt zu sprechen signalisiert Unangepasstheit und Treue zu sich selber. Bei Gysi reichte ein »Wissense« oder »Sehnse mal«, um seine intellektuellen Gedankengänge realitätsnah und seine Gegner trocken erscheinen zu lassen, Castorf demonstriert künstlerische Mondäne in einer Sprache, die das Nest nicht verleugnet.

Heutzutage zu berlinern bedeutet, sich gegen ein monotones Sitten-Design zur Wehr zu setzen – das kann sich nicht jeder leisten.

Der Berliner Dialekt wird verschwinden. Wie die großen Industriebetriebe nun auch aus Ostberlin verschwinden und mit ihnen die übriggebliebenen Arbeiter, die nicht mehr in der Eckkneipe ihr Bier trinken, sondern Caipirinha in der Cocktailbar. Er wird verschwinden in dem Maße, wie die Uniformierung der Mitte fortschreitet, deren Vertreter reden wie die Zeitung, die sie gerade lesen, also wie gedruckt. Der Berliner Dialekt kapituliert vor dem Reinheitsgebot einer Gesellschaft, die Angst vor der Authentizität hat. Doch wehe einem Berlin, in dem keiner mehr nüchtern feststellt: *Allet Mache.*

Das Berlinische an sich und als solches
Dialekt und Vorurteil

Berlinisch, oder noch schlimmer, Berlinerisch pur – was bleibt übrig von dieser vielgeschmähten Mundart, schließt man das verballhornte Französisch unserer Vorfahren und das Jiddische als Haupteinflüsse aus, die von Ewald Harndt und Andreas Nachama grundlegend behandelt worden sind? Die slawischen Sprachen – Sorbisch oder Wendisch (Berlinisch: *Was wissen Sie von den alten Wenden? – Det der Putz abfällt*), Tschechisch und vor allem Polnisch und nach 1945 ein bisschen Russisch. Dazu viel Amerikanisch und Denglish. Der übergroße Rest, soweit nicht vor Ort erfunden, ist Niederdeutsch, mit frühen niederländisch-flämischen Einflüssen und – das lesen echte Berliner besonders gerne – Obersächsisch.

Im Westen erschien 1984 das Ergebnis einer »mit Unterstützung des Berliner Senats im Rahmen des Förderungsprogramms *Berlin Forschung* finanzierten […] zweijährigen soziolinguistischen Untersuchung zum gesprochenen Berlinisch«, im Osten legten die vereinten Sprachwissenschaftler der Akademie der Wissenschaften der DDR, des Märkischen Museums und der Sächsischen Akademie der Wissenschaften 1986 eine gründliche *Geschichtliche Einführung in die*

Sprache einer Stadt vor. Populärwissenschaftliche Wörterbücher folgten auf beiden Seiten, und seit 2001 liegt das Berlin-Brandenburgische Wörterbuch komplett vor.

Da kommt unsereins als autodidaktischer Nicht-Germanist natürlich nicht mit. Von dem Berliner Chirurgen, Philosophen, Forstwissenschaftler und Erfinder des deutschen Stahlhelms August Bier (1861 bis 1949) stammt die (in unterschiedlichen Fassungen überlieferte) Äußerung: »Jedes Ding lässt sich von drei Seiten betrachten, von einer wissenschaftlichen, einer juristischen und einer vernünftigen.« Daran wollen wir uns halten. Erwarten Sie also kein Traktat über den Berliner Jargon als sprachsoziologisches und sozialpädagogisches Kommunikationsphänomen an sich und als solches in Geschichte, Gegenwart und Kunst sowie in seinen globalen Auswirkungen auf das digitale Zeitalter human verschuldeter Klimakatastrophen. Der Verfasser bekennt sich als gebürtiger Berliner auf höchst subjektive Weise zu seiner Muttersprache, und er weiß natürlich auch um die unterschiedliche Ausprägung der Mundart in den verschiedenen Stadtteilen und im Umland. In O 112 geboren und in Lichtenberg aufgewachsen, vertraut er den Kindheits- und Jugenderinnerungen aus Mitte, Neukölln, Wedding, Kreuzberg und Prenzlauer Berg, den Korrekturen der in N 113 gebürtigen Ehefrau, vor allem aber der Sprache von Mutter und Großmutter, die im Verlauf ihrer, zusammengerechnet, immerhin 173 Lebensjahre auf die stolze (und im alten Berlin keineswegs ungewöhnliche) Zahl von mindestens fünfzehn beziehungsweise achtzehn Umzügen zwischen Kreuzberg und Köpenick zurückblicken konnten.

Misstrauen bleibt dennoch angebracht, denn die Sprache ist ein höchst lebendiges und eigenwilliges Wesen. Das fundamentale Werk zur berlinischen Sprachgeschichte ist mehr als achtzig Jahre alt und stammt von Agathe Lasch, Deutschlands erster Germanistik-Professorin. Agathe Lasch (1879–1942), von den Nazis nach Riga deportiert und dort am Tag ihrer Ankunft ermordet, hat immerhin das Berlinische zur Mundart oder vielmehr zum Dialekt geadelt, was sich bis heute nicht überall herumgesprochen zu haben scheint. Nun ist aber laut Professor August Bier ein Professor derjenige, der anderer Ansicht ist. Dennoch hält das meiste, was die gebürtige Berlinerin Agathe Lasch in Jahrzehnten so verdienstvoll zusammengetragen hat, noch heute wissenschaftlicher Prüfung, vor allem aber dem berlinischen Sprachgefühl stand.

Ob das vorliegende Büchlein solchen Ansprüchen ebenfalls genügt, sei dahingestellt. Für alle, die es ohnehin besser wissen, ist es möglicherweise eher zur Pflege ihres Bluthochdruckes geeignet.

Immerhin wollen wir mit einem nicht zu widerlegenden Satz der neueren Sprachforschung beginnen: »Erst durch die Vertreter der sozialen Dialektologie sind die Stadtdialekte als Forschungsdesiderat in den Brennpunkt linguistischen Interesses gerückt« – *wat uff jut Berlinisch* heißen soll: *Jahrzehntelang hat sich keen Aas drum jekümmert*. In den späten Achtzigern des vorigen Jahrhunderts allerdings mutierte Berlins Jargon in seiner halben Heimatstadt Westberlin – wo die *ganzen Loite halt* längst eine bizarre Abart nord- und südwestdeutscher Dialekte übernommen hatten und für gängiges Hochdeutsch hielten – sogar zum Schulstoff. In Ostberlins Schulen hingegen war er (zumindest außerhalb des Unterrichts) Sprachpraxis. *Berliner nicht so schrecklich!* ist eine Mahnung, mit der seit mehr als hundert Jahren beinahe jedes Kind in der Stadt aufgewachsen ist – egal ob in Ost oder West. Unter halbwegs gebildeten Westberlinern und solchen, die sich dazu rechnen, gilt das Berlinische allerdings als ein besonders verwerfliches Kennzeichen des Ostens und des Prekariats. Die Kinder werden es ihren Eltern danken: Sie beherrschen die Sprache ihrer Heimatstadt nicht mehr. Dabei handelt es sich laut der freien Online-Enzyklopädie *Wikipedia* um einen der seltenen (!) »Metrolekt[e]«, und was selten ist, hat doch gewöhnlich einen hohen Marktwert.

Bei *Metro* denkt der gebürtige Berliner sogleich an die süddeutsch-österreichischen Sprachverbieger, die um die Jahrtausendwende meinten, Berlins Nahverkehr neu ordnen und benennen zu müssen, und dafür Unwörter wie *Metro-Tram* erfanden. In den guten alten Zeiten (die so gut nun auch nicht waren, wie der Autor sehr wohl weiß) hieß die Straßenbahn schlicht *Elektrische* und erzeugte die zum Fahren erforderliche Elektrizität durch die Reibung mit der Oberleitung, wie manche Berliner glaubten. Woher aber kam der Strom zum Anfahren? – *Dafor hat der Mann ja vorne die Kurbel!*, lautete die einleuchtende Antwort.

Womit wir bei dem wären, was das Berlinische neben seiner multikulturellen Verwurzelung insbesondere ausmacht: dem ihm innewohnenden lakonischen Witz, der drastischen Über- oder Untertreibung, der *Berliner Schnauze*. In einer Buchhandlung in Warschau begegnete mir ein Mann, der verzweifelt ein gutes Deutsch-Polnisches Wörterbuch suchte. Er wollte einen Text übersetzen und scheiterte an dem Begriff *Berliner Schnanze*. Dass es sich um einen Druckfehler handelte, wollte ihm nicht einleuchten. »Schnauze – das heißt so beim Hund …«, lautete sein Einwand.

Er kannte eben die Berliner nicht. Bei denen vermag sogar noch *Halt die Fresse, Herzchen!* eine Spur von Zuneigung auszudrücken.

Die verdruckte *Schnanze* stand übrigens in einem Plattentext mit Liedern von Marlene Dietrich.

Dennoch oder gerade wegen solcher Besonderheiten ist das Berlinische – wie das Sächsische, dem eine ähnlich enge Beziehung zur Komik anhaftet – nie zu einer wirklichen Literatursprache aufgestiegen. Kein Politiker vor Regine Hildebrandt oder Gregor Gysi hat je gewagt zu berlinern, während die Sachsen wenigstens auf den unerschrocken piepsenden Zaunkönig Ulbricht verweisen dürfen. Von anderen, in Politik und Medien beliebten Dialekten wollen wir aus Höflichkeit schweigen. Wer da unbelehrbar schwäbelt oder sich des Rheinisch-Ripuarischen bedient, nicht zwischen *Kirche* und *Kirsche* oder *als* und *wie* zu unterscheiden vermag, gilt in Berlin schnell als zu bequem oder zu hochmütig, um Hochdeutsch lernen und sprechen zu wollen, wie wir es können – wenn wir nur wollen. Allenfalls räumen wir den unverbesserlichen Bayern das Recht auf ein eigenes Idiom ein.

Das Berlinische in seiner heutigen Ausprägung ist – anders als die in Jahrhunderten historisch gewachsenen deutschen Dialekte – eine junge Sprache, die erst im 18. Jahrhundert zu blühen begann und mit Adolf Glaßbrenner und seinen vormärzlichen Zeitgenossen in die lokale Tagesliteratur eindrang. Der alte Fontane schätzte es nicht sonderlich, Kurt Tucholsky hingegen verstand es wie kaum ein anderer, seinen großstädtischen Landsleuten aufs Maul zu schauen. Ihm verdanken wir einige der schönsten schriftsprachlichen Zeugnisse des Jargons. Hauptsächlich durch ihn geriet das Berlinische auch dahin, wo es heute noch (und mitunter in fragwürdigster Fassung) zu hören ist: ins Kabarett. Von Claire Waldoff, Lotte Werkmeister und Marlene Dietrich über Paule Graetz und Fredy Sieg, der als Alfred Gyß bis zu seinem Tode im Jahre 1962 in Prenzlauer Berg wohnte, bis zu Cindy aus Marzahn (aus Luckenwalde stammend) und der Neuköllner Kultfigur Kurt Krömer hat sich mancher daran versucht. »Die Lütte« Angelika Mann bekennt sich zu ihrem Heimatdialekt: *Berlinisch is ooch 'ne Weltanschauung!*

Aus Glogau, Gardelegen und Radeburg
Alles waschechte Berliner

Im rechten Licht betrachtet, ist die Geschichte Berlins die ihrer Zuwanderer. Umso erstaunlicher, dass sich in der Spreeniederung zwischen Barnim und Teltow, also mitten im Herzen der Norddeutschen Tiefebene, um es geografisch-poetisch auszudrücken, so etwas wie eine einheitliche Umgangssprache herausbilden konnte, in der allerdings das Französische wie das Jiddische einen starken und erst allmählich schwindenden Einfluss ausübten.

Der Nachrichtenagentur *FAMA* zufolge kam der Berliner früher aus Breslau und siedelte sich in der verrufenen Gegend um den *Katholschen* oder *Schleschen Bahnhof* (heute Ostbahnhof) an. In Wahrheit stammten die meisten Zuwanderer von jeher aus der Mark Brandenburg und den umliegenden deutschen Ländern. Das Elendsquartier der Industriearbeiter nördlich der heutigen Torstraße hieß nicht von ungefähr *das Voigtland*.

Berliner wird man übrigens nach spätestens sechs Wochen Aufenthalt an der Spree – oder nie. Verschwunden ist inzwischen der Begriff des *Rucksackberliners,* jener Spezies von *Uterhalbschen,* wie sie halb niederdeutsch bezeichnet wurden, die ursprünglich noch hinter *Jottwehdee – janz weit draußen –* zu Hause waren, wo man heutzutage ein schlimmeres Berlinisch spricht als in der multikulturellen Hauptstadt.

In den fünfziger Jahren des vorigen Jahrhunderts litt Ostberlin unter einer »fünften Besatzungsmacht« aus Sachsen, worunter man an der Spree alle diejenigen subsumierte, die südlich von Niederlausitz bis Magdeburg heimisch waren und nun die Führungspositionen in Ministerien und *Organen* übernahmen – und in der zerstörten Stadt bevorzugt mit Wohnungen versorgt wurden. Sprachliche Anleihen machten bei diesen Neu-Berlinern, von denen die meisten bis heute ihre Parteizugehörigkeit und ihren Heimatdialekt nicht verleugnen, allenfalls die Kabarettisten. *Urst* und *jetze,* seit einigen Jahren im Osten verbreitet, klingen allerdings verdächtig mitteldeutsch. Ob die sowjetische Eigenart, Sportclubs mit technischen Sachbegriffen zu betiteln (*Energie, Dynamo, Motor, Traktor, Turbine*) und das dröge Berufsleben mit Worten wie *Aktivist, Brigade* und *Kollektiv* zu veredeln, über Sachsen nach Berlin eindrang, wird hier nicht untersucht. *Datsche, Sputnik* und *Soljanka* sind jedenfalls nicht die einzigen sprachlichen Relikte aus fünfzig Jahren Sächsisch-Sowjetischer Freundschaft.

Westberlin, spätestens seit den Tagen der Luftbrücke bedenkenlos anglophil ausgerichtet, bezog seinen Bevölkerungszuwachs vornehmlich aus dem Osten, bis die Mauer gebaut wurde und Arbeitskräfte nunmehr aus der Türkei, aus Italien, Spanien und Jugoslawien anreisten. Außer *Pizza* und *Döner* trugen sie wenig zur Erweiterung des Berliner Sprachschatzes bei. Hingegen hinterließ das spätere Hinzukommen von westdeutschen Wehrunwilligen und Nutznießern großzügiger Steuerprivilegien verheerende Folgen im Wortschatz und Tonfall der einstigen Frontstadt, deren Bewohner anscheinend glaubten, sich auch sprachlich als voll gültiger Teil der Bundesrepublik gerieren zu müssen. Dahin waren die Tage der *Insulaner,* jenes weitgehend Berlinisch gefärbten RIAS-Kabaretts mit Bruno Fritz und Walter Gross, dahin der freche Pauken-Neuss vom Lützowplatz und Wolfgang Gruners schnoddrige Schnauze. Statt *Sonnahmd* hieß es plötzlich Samstag, statt *dreiviertel ölwe* war es Viertel vor elf, es hieß nicht mehr *zu,* sondern an Ostern, und eine gewisse, wenig penible Berufsgruppe, deren Vertreter sich gerne als *Dshorrnalisten* bezeichnen, behauptet hartnäckig, es hieße der siebte und nicht *der siebente.* Berlinisch ist es ohnehin *der siemte.*

Es ist durchaus keine Schande, nicht in Berlin geboren zu sein. In Wahrheit bringen es die Berliner kaum auf ein Dutzend, wenn es um die berühmtesten Töchter und Söhne der Stadt geht. Bei den Politikern beispielsweise sieht es ausgesprochen *mau* aus, sieht man einmal von den Hohenzollern-Kurfürsten, Königen und Kaisern ab, die beinahe alle im Cöllner Schloss geboren wurden und denen das Berlinische keineswegs so fremd war wie später eingewanderten Fremd-Herrschern. Von Willi Stoph und Erich Mielke als einzigen (West-!)Berlinern (Neukölln und Wedding) in der SED-Führungsriege wollen wir schweigen.

Die Wissenschaft verdankt der Stadt immerhin Alexander von Humboldt, sein Bruder Wilhelm war gebürtiger Potsdamer. Der Berliner Konrad Zuse erfand in der Kreuzberger Methfesselstraße den Computer, und aus Berlin stammte auch der Computerpionier und -kritiker Josef Weizenbaum.

Bei den Komponisten ragen Albert Lortzing, ein Gegner des Berlinischen, dem seine Vaterstadt dafür eine Anstellung verweigerte, und Giacomo Meyerbeer (als Jakob Liebmann Meyer Beer in Tasdorf bei Berlin geboren), der in Paris zu Weltruhm gelangte, hervor. Paul Lincke, Vater der mit Recht so genannten Berliner *Musieke,* war ein Urberliner wie sein zeitweiliger Texter Hermann Frey. Der Operettenkomponist Walter Kollo(dzieyski), ebenso wie sein Sohn Willi aus dem Ostpreußischen stammend, war der Stammvater der musikalischen Familie. Erst der Enkel René Kollo ist in Berlin geboren.

Johann Gottfried Schadow, Schöpfer der Quadriga auf dem Brandenburger Tor, und Max Liebermann, berühmtester Maler der Stadt, stammten ebenfalls aus Berlin und waren des Berlinischen in seiner ganzen Deftigkeit mächtig, wie manche Anekdote beweist. Ihr späterer Ostberliner Kollege Werner Klemke tat es ihnen darin gleich, wie überhaupt die bildenden Künstler eher zu einer volksnahen Sprache neig(t)en.

Selbst bei den in Berlin gebürtigen Schriftstellern ergibt sich keine lange Liste – Adolf Glaßbrenner, Erich Mühsam, Kurt Tucholsky und Walter Mehring waren sämtlich eher Vertreter der kurzen literarischen Formen. Georg Hermann, Erdmann Graeser, David Kalisch und Hans Hyan brachten das berlinische Element in die Literatur. Die Feuilletonisten Franz Hessel und Victor Auburtin sind heute zu Unrecht fast vergessen.

Alfred Döblin, der mit *Berlin Alexanderplatz* den bleibenden Berlin-Roman des 20. Jahrhunderts schrieb, stammte ebenso wie dessen erster filmischer Protagonist Heinrich George aus Stettin. Günter Kunert, Günter de Bruyn, Lothar Kusche und Horst Bosetzky sind Berliner Autoren, die in der zweiten Hälfte des 20. Jahrhunderts dafür sorgten, dass die Stadt (und zumindest bei Kusche und Bosetzky auch ihre Sprache) trotz der Spaltung nicht gänzlich in Vergessenheit geriet.

Die Berliner Ulrich Plenzdorf und Wolfgang Kohlhaase wurden als Drehbuchautoren für den Film bekannt, den die Pankower Brüder Skladanowsky am 1. November 1895 erstmals im Berliner Wintergarten vorgeführt hatten. Oskar Meester hieß ein anderer Berliner Filmpionier. In den zahlreichen Filmstudios der Stadt aber gaben – abgesehen von Hans Hyan und Ernst Lubitsch in ihren Anfängen – die Auswärtigen den Ton an. In der Nazizeit gelangten die Berliner Veit Harlan und Leni Riefenstahl zu zweifelhaftem Ruhm.

Von den Schauspielern Berliner Herkunft seien vor allem Günter Lamprecht und Götz George genannt, der Ostpreuße Erwin Geschonneck wuchs in der Ackerstraße im ehemaligen Voigtland auf. Gerd E. Schäfer repräsentierte jahrzehntelang in Ostberlin das Berlinische, und unvergessen ist Helga »Henne« Hahnemann in zahllosen Berliner Sketchen.

Und wie steht es mit den berühmtesten und typischen Berlinern, mit Heinrich Zille, Otto Reutter, Claire Waldoff, Paule Graetz und berlinischen Autoren wie Hans Fallada oder Heinz Knobloch? Zille, der unschlagbare Meister des Ur-Berlinischen, stammte aus dem sächsischen Radeburg, Otto Pfützenreuter (Otto Reutter) aus Gardelegen, Clara Wortmann (Claire Waldoff) aus Gelsenkirchen und Paul Graetz aus Glogau in Schlesien. Fallada, in Greifswald geboren, kam als Sechsjähriger erstmals nach Berlin, Knobloch als Kind aus Dresden. Und dass ein amerikanischer Komponist sich Irving Berlin nannte, täuscht ebenfalls. Er hieß Israel Baline und stammte aus Temun in Weißrussland.

Von acheln bis ssappendusta
Die berlinische Aussprache

Als bekanntestes Beispiel für die berlinische Aussprache wird von Ortsfremden gerne ein Vers angeführt, der jeden echten Berliner zusammenzucken lässt:

Icke, dette, kieke mal,
Ogen, Fleesch un Beene ...

Icke sagt der Berliner nämlich nur in sehr speziellem Zusammenhang und um mit gewohnter Zurückhaltung auf die eigene Person hinzuweisen: *Als wie Icke?* – gemeint ist: *Meen Se etwa mir?* Im sonstigen Sprachgebrauch heißt das Wort *ick* und das nächste *det* oder *dit*. Eine dringend erforderliche Promotionsschrift über die historische Verschiebung der *det/dit*-Grenze in Stadt, Umland und zwischen den Generationen scheint noch auszustehen. *Dette* hat jedenfalls ein E zu viel (es sei denn, man meint: dass du) und *kieke mal* nach dem gegenwärtigen Sprachgebrauch ebenfalls. Der Berliner sagt *kiek ma* – *Kiekemal* hieß einst eine frederizianische Kolonie am äußersten östlichen Stadtrand. Bei den *Ogen* – oder *Oojen* – taucht das Problem des im Alphabet nicht vorhandenen, stimmhaft irgendwo zwischen R und

Ch angesiedelten Rachenlautes auf, der aus *O(g)je* fast *Ohre* werden lässt, während *Oah* das Ohr meint. Bei *Kugel* oder in dem Wort *tragisch* wird das G fast zum reinen R. *Saacht* (sagt) oder *sahre* (sage) gehören ebenfalls zu diesen schriftlich schwer darzustellenden Wörtern: *Und ick sahre Ihn', kieferne Särje sind doch det Jesündeste!*

Na sach ma an! – So lautet einer der im Berlinischen gleich dutzendweise anzutreffenden Ausrufe des Erstaunens, obwohl doch der Berliner gemeinhin durch nichts zu verblüffen ist.

In dem obigen Vers bleiben nur *Fleesch un Beene* als unbeanstandetes Berlinisch übrig, kommen so aber auch im Plattdeutschen und ähnlich klingend im Sächsischen vor. Ei und Ä werden häufig zum langen E: *Kiek ma, die sswee beede zesamm ham keene ssehn Ssehne in't Maul.* Dreirädrige Tempo-Autos (auch Dreikantfeile genannt) hießen jedoch Berlinisch korrekt *Dreibeen*, da wie im Sächsischen das Ei in vielen Wörtern erhalten bleibt: *Ei, bei, fein – Ick jeh heit bei feine Leite* – wobei Ei statt Eu ebenso wie Ie statt Ü im Schwinden begriffen sind. Jedenfalls heißen Borstentiere in Berlin ganz normal Schweine, aber: *Der Kerl, der de Arbeet erfunden hat, der muss nischt ze dun jehabt ham.*

Ü als gerundetes I hört man noch häufig: Man *jeht liebas inne Kürche*, wo *de Jesankbiecha Henkel ham* und isst *jelegentlich Freitachs Füsch*. Im Anlaut wird aus ein- fast immer in-, wie etwa *inspunn'* (einsperren), *infahrn* (einfahren, die journalistische Lieblingsvokabel an Wahlabenden), wofür ihnen *eene injeschonken* (eingeschenkt) gehört! Der Berliner geht *rin* und nicht hinein und hoppst dazu übern *Rennstein*. Gerne verwendet er das Wort *inwendich,* wie auf der bekannten Zeichnung mit dem Schutzmann und der aufmüpfigen Frau: *Ick sare ja keen Wort, Herr Kumsarjus! – Halt Sie's Maul, sie raisonniert inwendig!* – was heute wohl inwändig geschrieben werden müsste, aber nicht wird. Für Dialekt und Mundart sind sogenannte Rechtsschreibreformen deutscher Sprachbeamter ohnehin belanglos. Der Scheuerlappen bleibt in Berlin ein *Schauerlappen* und der Teufel der *Deibel,* womit die vokalen Abweichungen keineswegs erschöpft sind. Nicht einmal das üblicherweise klar ausgesprochene A ist bei jedem Gebrauch sicher, wie *det* und *dit* beweisen: Im älteren Berlinisch wird aus dürfen *derfen,* du darfst heißt dann eben *du derfst,* und aus beiden Armen werden schon mal *Erme.* Die Armen aber bleiben zu allen Zeiten arm: *Lieba arm dran als Been ab.*

Lange Vokale werden gelegentlich verkürzt, die Kinder *spieln uffn Hoff mangs Jrass. Pass Obacht, da liecht ville Jlass!*

Das Ä wird fast immer zum langen E: Es gibt *Hiena un Hehne,* Boote und *Kehne, Keese* und *die Scheese.* Letztere, ein Fahrzeug nicht unbedingt der S-Klasse, dem fälschlicherweise eine englische oder französische Herkunft zugeschrieben wird, ist jedoch eine

Verballhornung des Erfindernamens Philip de Chiese, der eine gefederte Kutsche, die *Berline*, erfand. Als Preußens mutiger König Friedrich Wilhelm III. 1806 mit seiner Luise und sieben Kindern panisch das Weite suchte, reimten seine Hauptstädter spöttisch: *Unsa Demel sitzt in Memel.* In Berlin saß nämlich *Napoljum*.

Au Backe, sagt der Berliner da ganz hochdeutsch, wie er auch nach obersächsischer Manier Haus und Bauer sagt, aber *Boom* statt Baum und *koofen* statt kaufen, wobei das E in der Endsilbe verschluckt wird. Ersatzweise hängt man es gerne woanders an: *drinne in't Bette, dranne, feste, det Kinne, Paule, ville* (mit den Steigerungsstufen *meeste* und *mehrste*) oder *zwee-e*.

> *Eena alleene – det is nich scheene*
> *Aba eena mit eene*
> *Un denn alleene –*
> *Det is scheene!*

Die Verkleinerung der Schnauze ist *det Schneuzeken* oder *Schneuzkin*, bei Kindern auch *de Schnute*. Sollten Sie darin keine Regel erkennen, liegt es möglicherweise daran, dass es keine gibt. Der Berliner (niemals *Balina* – Todsünde!) *reedt ehm, wie ihm der Schnabel jewachsn is,* und ist deshalb in seinen sprachlichen Finessen schwerer nachzuahmen, als manch einer glaubt. Bäume werden heute kaum noch zu *Beeme*, Läuse aber immer noch *Lause, Dreume* (Träume) *bleim Scheume*, und wenn man nach *Eel bohrn tut un keens nich findet, isses ehm Essich*. Der Löffel heißt *Leffel*, und wenn *ins Büffé eena von die juten silbernen Blechleffels* fehlen sollte, wird die Hausfrau ziemlich *beese*. Der *Keenich* ließ früher Diebe hängen, die sich an seinem Silberzeug vergriffen. Doch wie sagt der Berliner: *Bange machen jildet nich!*

Dass dank der sprachlichen Finessen unterschiedliche Wörter mitunter sehr ähnlich klingen, stört die Berliner nicht. Sie behaupten, sehr wohl zwischen *Feier* und *Feuer*, *kennen* und *können*, *liegen* und *lügen*, *Sehne* und *Söhne* unterscheiden zu können. *Na, wer't jloobt, wird seelich – wer't nich jloobt, kommt ooch in Himmel.* Das I bleibt jedenfalls gewöhnlich unangetastet: *I Jott bewahre!*, hieß es früher, und ein Kaffeeservice ist in Berlin noch heute ein *Serwie*.

Wenden wir uns den Konsonanten zu, von denen das B gewöhnlich rein und deutlich gesprochen wird, sofern nicht eine Endsilbe damit beginnt. Dann wird aus oben *oh'm* und aus haben *ha'm*. Lieblingsfloskel des DDR-Handels: *Ha'm wa nich!* Die sächsische Verwechslung mit dem harten P (*Rebuplick* statt Republik) ist dem Berliner fremd. Allerdings ist bei ihm die Verwandtschaft *pucklich,* und die süddeutsche Brezel heißt *Prezel*. Dafür *vatreecht* der Berliner *ooch mal 'n Buff*, der anderswo Puff heißt, womit auch in Berlin ein öffentliches Haus bezeichnet wird. *Anjebufft* ist dagegen in Berlin eine Geschwängerte, *ausjebufft* heißt neudeutsch clever.

Mit dem C gibt es kaum Schwierigkeiten, wobei das *Kottbusser Tor* seit hundert Jahren so falsch geschrieben wie richtig gesprochen wird. Das einzige echt berlinische Wort mit C heißt *cislaweng* (gesprochen *schisslaweng* – mit einem gewissen Schwung) und kommt aus dem Französischen. Alte Berliner verlangten an der *Quasselstrippe* früher die *Ssentrale*, tanzten in den dreißiger Jahren des vorigen Jahrhunderts den (verbotenen) *Zwing* und haben noch heute mitunter leichte Probleme mit neumodischen Importen wie *Zenter* oder *Zent*. Ins Zentrum oder gar in die *Zitty* bewegte sich früher kein Berliner, man fuhr einfach *inne Stadt*.

Auch das Ch ist meist auswärtigen Ursprungs, etwa in *Chor*, der in Berlin auch für das *Korps* galt. Weniger geläufig ist den Berlinern mitunter der Unterschied zwischen *Schampinjong* und *Schempjen*. Ansonsten wird Ch in früher üblichen Verkleinerungen wie *bissken* und *schticksken* (Stückchen) und in dem mehrdeutigen *wixen* zum K wie in ich zu *ick*. Es bleibt nach E und I wie in der Endsilbe -lich, in *Leiche* oder *Leuchte* erhalten. *Jeh mir aus de Latichte* meint: Wirf keinen Schatten auf mich.

Als stimmhafter Rachenlaut erklingt Ch nach A, O oder U wie in *acheln* (jiddisch: essen) und ins Hochdeutsche übernommenen Wörtern wie *Ach und Krach*, *Nacht*, *Docht*, *huch* oder *Kuchen*.

Das D kommt gelegentlich dem berlinischen Hang zum weichen Anlaut entgegen: *Mach de Dühre ssu, et zieht! Toll* kennt der Berliner nicht, bei ihm heißt es: *Je oller, je doller!* Der *Rejen drippelt* so vor sich hin, während der Wasserhahn nur *drippt*, und *manch eener is janz bedrippt oda bedeppert*, betrübt oder verzagt nämlich, vielleicht weil er *uff de Schlidderbahn is ausjerutscht* oder *mit de Lauseforke nich mehr durch de eijnen Zoddeln* kommt. *Dröje* (trocken) stammt aus dem Niederdeutschen, und *Dot un Deibel* kommen ebenfalls aus dem Norden.

F kann für F, Pf oder V stehen, *det weeß der Berliner aus 'n ff* zu unterscheiden. *Firrzehn Feade* (Pferde) *fressn fümf Fund Fannkuchen, du Feife – und det kost' ma keen Fennich*. Na denn: *FF – Viel Vajnüjen.* Dass der Berliner in Einzelfällen aus dem F ein B macht, war schon bei *Deibel* zu erkennen, *Stiebel* für Stiefel ist ein anderes Beispiel.

Womit wir beim G und den zahlreich vorhandenen Sprechweisen wären, denn der Berliner kennt neben dem Rachenlaut in *saacht* oder *Oogen* und manchen Zwischenlauten auch ein korrekt gesprochenes G wie den Anlaut in Garage und das französische Sh in dessen Endsilbe. Wer besoffen ist, der ist schon mal im *Shum,* und *shub, issa weck* – mit einer gewissen Geschwindigkeit verschwunden. Die Drogerie heißt in Berlin *Droosherie.*

Als weiches Ch tritt G in *Talch* oder *Balch* auf. Die gewöhnliche Form aber ist J anstelle von G: *Orje, leech ma de Jeije aus de Finga un jib ma de Jabel mit 'n jelben Jriff rieba!* Denn die Finger bleiben *Finga(n),* und *een Ringa* ist ein Ringer. Selbst in dem ausgestorbenen *Ringvaein* wird das G nicht gänzlich verschluckt oder zu K wie in Ding oder Ring. Schließlich ist sogar die *Zieje* in Berlin, wo jedermann *kiekt* und nicht guckt, *man bloß 'ne olle Zicke.*

Gegen das H hat der Berliner offensichtlich nichts einzuwenden und lässt es in so schönen Begriffen wie *Hackepeta, mach ma halblang, hallweje, Hämekin, happich, hellerlicht* oder *verhohnepiepeln* gänzlich unverändert.

Da der Berliner, wie oben angeführt, fast jedes G als J ausspricht, steht ihm mit diesem Buchstaben ein besonders reichhaltiges Vokabular zur Verfügung, darunter so echt berlinische Wörter wie *Jackstück*, *Jlibber*, *Jrütze* (Verstand) oder *Jummijutti* (gummiartig).

»K lässt er unverändert. Das L spricht der Berliner immer richtig aus. M bleibt immer bestehen«, behauptet Hans Ostwald in seinem *Berlinerisch* – ein weiteres Standardwerk über das Berlinische.

Marcht statt Markt ist die Ausnahme beim K.

Der Laut N, von Ostwald als unverändert charakterisiert, entfällt bei *fuffzehn* oder *fuffzich* oder wird bei *Zukumft, Jumfer* (Jungfer), *Semf* (Senf, in Berlin üblicherweise *Mostrich*) und *fümf* zum M.

P bleibt erhalten, wobei Pf entweder zum F mutiert oder als Pp auftritt: *Der Appel fällt nich weit von't Fead.* Dafür kennen vornehme Menschen in Berlin eine Frucht namens *Apfrikose.* Aber: *Mensch, hat die Olle Boll'n inne Strümpe!*

Quatsch!, sagt der Berliner, wenn er irgendwo reintritt oder etwas hört, was dem Wert jener Hundehinterlassenschaft entspricht, für die Berlin mindestens ebenso berühmt ist wie für seine schnörkellose Mundart. Auch Q bleibt also, wie es ist, wohingegen – nach Ostwald – der Berliner das R im Anlaut zwar nicht misshandelt, sondern es ruhig stehenlässt, es am Ende einer Silbe oder eines Wortes jedoch gerne verschluckt oder in ein A verwandelt. *Katoffeln* heißt es deshalb in Berlin, und 28 Jahre war die Stadt durch *'ne Maua jetrennt*. Das *Wetta* hat sich übrigens bis hin zu den Radiomodera-Toren durchgesetzt.

S kann stimmhaft oder stimmlos klingen, wie es die Schriftsprache vorschreibt, *in Saus und Braus lehm soweso de wenichsten Berlina*. Steht S zwischen R und T oder im Anlaut vor einem Konsonanten, wird es zum Sch: *Wurschtschtulle, Schpielvaderba, Schpinde* (Schrank), *schpacker Schtippi* (schmächtiger kleiner Junge). *Erscht* oder *mehrscht* hingegen werden kaum noch gebraucht. Erhalten geblieben ist das niederdeutsche T in Endungen oder Wörtern wie *et* und *wat – en jrauet (braunet, jrienet, jelbet oda kariertet) Hemde*.

Die T-Ausnahmen sind unter D zu finden, *im Tee sein* ist eine der 374 Berliner Benennungen für den seltenen Zustand selbstverschuldeter Trunkenheit. Auslautendes T entfällt häufig: *Is nich, un jetz schon janich!*

V wird nur in *Vase* wie W gesprochen, denn: *Wenn*

se runtafellt, denn wa se 'ne Wase jewesn, wa? Vertiko ist ein anderes Wort mit W, für ein angeblich nach dem Tischlermeister Vertikow benanntes halbhohes Möbelstück unserer Altvorderen.

W bleibt auch bei uns Späthinteren W, X kommt im Berlinischen nur in *X-Beene* vor, und Y nur in den französischen und polnischen Namen der Berliner. *Party* kannten die alten Berliner noch nicht, wohl aber die sonntägliche *Landpartie*. Auf die Schwierigkeiten beim Z ist schon unter C hingewiesen worden, die zum Ss tendierende Aussprache wird heute – abgesehen von dem Wort *Pussel* (unter anderem für Puzzle) – eher für einen Sprachfehler gehalten. *Ssappendusta* jedenfalls war es in den Nachkriegsjahren in der Stadt öfter während der allseits beliebten Stromsperren.

Meen' Se mir?
Grammatik und Akkudativ

Joachim Schildt und Hartmut Schmidt weisen in ihrem *Berlinisch* zu Recht darauf hin, dass viele der sprachlichen Eigenheiten, die das Berlinische noch bis ins angehende 20. Jahrhundert prägten, »durch die verbesserte Schuldbildung allmählich stark vermindert wurde(n) und sich heute oft nur auf einige Beispiele beschränken«. Dementsprechend kurz fällt ihr Diskurs zur Flexion, Wortbildung und Syntax aus, während Agathe Lasch der Grammatik des Berlinischen insgesamt fast hundert Seiten mit zahllosen wunderschönen Beispielen widmete.

Dabei ist die Sache doch ganz einfach: *Der Berliner sacht imma mir, ooch wenn't richtich is!* In Wahrheit sagt er natürlich *mia* oder unbetont einfach *ma*. Außerdem beruft er sich gerne auf den Herrn *Jeheimrat Joethe*: Wer ruft *mir*? Auch in den Korrespondenzen der Hohenzollern heißt es fast immer *mihr* und *Dihr*. Man befindet sich also in der ersten besten Gesellschaft, und darauf kommt es an.

> *Pass uff, Onkel, der Hund beißt dir!*
> *Dich, mein Junge. Dich!*
> *Nee. Mir kennta ja.*

Nun erzählen Sie das mal auf Hochdeutsch. Oder:

> *Ick liebe dir, ick liebe dich,*
> *Wie't richtich is, det weeß ick nich*
> *Und is mich ooch Pomade.*
> *Ick lieb dir nich im dritten Fall,*
> *Ick lieb dir nich im vierten Fall,*
> *Ick liebe dir uff jeden Fall!*

Die dritte Zeile beweist einleuchtend, was dabei herauskam, wenn der Ur-Berliner versuchte, den *Jebüldeten* herauszukehren. Auch der Sprachkenner Ostwald rät dringlich: »Wer also richtig berlinerisch sprechen will, wende nie das *mich* an!«

Ein besonders schönes Beispiel für die Gefahren der *mir/mich*-Problematik findet sich bei Schildt/Schmidt:

Die Mutter ist von einer Reise zurück und fragt: *Na, wie war't denn?*

Tochter: *Et waa nischt weiter. Die Nachbarin hat jestern ma bei mich jeschlafen.*

Vater: *Bei mir.*

Tochter: *Nee, det waa vorjestern.*

Bevor wir zu der bekanntesten Berliner Sprachsünde, dem *Akkudativ*, vorstoßen, lohnt es sich, dem in dieser Sprache nicht vorhandenen Genitiv Beachtung zu schenken. Eine Form wie *der Hund des Mannes* ist im

Berlinischen undenkbar, es heißt *dem* (meistens *den*) *Mann sein Hund* und nicht anders – oder noch eindeutiger: *den seine Töhle (hat ma jebissen)*. Möglich wäre auch: *der Köter von den Mann*.

Ein echter Genitiv existiert auch für das weibliche oder sächliche Geschlecht nicht: *Die* (oder *der*) *Frau ihre Tochter* oder *det (dem) Kind sein Ball* sind korrektes Berlinisch und veranschaulichen gleichzeitig die Besitzverhältnisse. Agathe Lasch hat schlüssig nachgewiesen, dass diese in volkstümlichen Sprachformen auch anderswo übliche Genitivumschreibung aus Berlins niederdeutscher Sprachvergangenheit stammt und »als durchaus zulässig, nicht als Mundart angesehen werden« muss. Lasch führt als weitere Beispiele den berlinischen Genitiv von Eigenamen an, *Emiln seine (Kodderschnauze)* und *Jreten ihr (Embidel)*, hochdeutsch: Emils zartes Mundwerk und Gretes Freund. In *ander Leitens Kinder* findet sich sogar ein Genitiv-S.

Die Frage *Wessen?* kommt denn auch im Berlinischen nicht vor, man fragt *Wem sein?* oder kurz *Wem s' Hut is 'n det?* Worauf sich bestimmt jemand findet, der behauptet: *Mein seiner*.

Dem Verfall – oder Zusammenfall – von Dativ und Akkusativ zum berlinischen Akkudativ ist ein langer, holpriger Prozess vorangegangen, der mit den bekannten Unsicherheiten noch heute nicht beendet ist. So regieren bestimmte Präpositionen in Berlin immer den gleichen Fall – eben den Akkusativ. Der alte Fritz

(Friedrich II.) hat da – vornehmlich in den Briefen an seinen Kammerdiener Fredersdorf – allerlei schriftliche Beispiele hinterlassen: *von die Wagens, vohr* (für) *aller Deiner Mühe, mit die Quacksalberey, Schlüssels zu die Potzdamsche Spinden* und dergleichen mehr. Seinem Vater berichtete er, »*daß der Baron von Feit von Bareit* (Bayreuth) *hier gekommen und mihr einen Brif vom jungen Margraven mit brachte, wohr selbst mir zum gefater bei die Dochter bat, da meine Schwester mit niedergekommen*«.

Angeblich soll der König ja wenigstens ein vorzügliches Französisch gesprochen und geschrieben haben …

Im täglichen Sprachgebrauch verschluckt der Berliner gerne ganze Wortteile oder den Artikel und zieht zusammen, was seinem Sprachgefühl nach zusammengehört: Statt *inne Schule jehn* sagt er auch *nach Schule* und *nach't Kino, ick jeh uff Klo un hinterher nach 'n Friedhoff, se kommt von Kirche, jeh ze Hause, Mutta will de Kinda ssehln.*

An den Berlinischen Akkudativ knüpft sich eine Reihe von Scherzfragen und Sprüchen wie etwa der Satz, in dem *der*, *die*, *das* hintereinander vorkommen:

Meine Schwester hat 'n Kind jekricht. Den, der die das jemacht hat, den suchen wa noch.

Wir wollen trinken auf dem Wohle von das Brautpaar seine Eltern!

Kein Vajnüjen ohne den Damens, aba mit die Damens jeht's in dem Jelde.

Dabei darf nicht übersehen werden, dass der Berliner solche *(et jibt sone und solche, aba solche sind de mehrsten)* Redewendungen durchaus im Bewusstsein ihrer sprachlichen Komik gebraucht. Wie gesagt: Wir können auch Hochdeutsch – wenn wir wollen! *Un vaschtehn tun wa't allemal!*

Das Berlinische verfügt bei einzelnen Wörtern über eine von der Schriftsprache abweichende Pluralbildung: *Erme* statt Arme wurden schon genannt, das Ding – die *Dinger*, Aas – *Eester*, Stock – *Stöcker* sind andere. *Se liecht uff de Knieen un putzt Stiebeln, for de Fenstan muss se uffstehn*, heißt es, wenn im Plural ein N angehängt wird. Jungen sind in Berlin immer noch *Jungs* und Mädchen *Meechens*. Es gibt auch *Karnickels*, wobei *der Karnickel* männlichen Geschlechts ist. Ebenso hieß oder heißt es gelegentlich noch heute *der Liter, der Meter, der Radio* und seltener *der Jas* und *der Jasemeter, der Petroleum* oder *der Benzin*. Als Berliner plädiere ich hingegen für *das Grill* und *das Laptop* – woher deren Männlichkeit rührt, weiß sowieso kein Mensch.

Abweichungen ergeben sich auch bei einigen Verbformen: *Er esst, sie sterbt* hört man nur noch selten. Dann schon eher: *Vergess nich! Les ma den Brief* oder *Helf ma die Dame ieban Damm*, wie in Berlin von alters her die Fahrbahn heißt. *Haste den Brief übahaupt injestochen?*, lautet heute eine eher scherzhafte Frage.

Vor hundert Jahren waren weitaus mehr derartige Vergangenheitsformen im Gebrauch, aber *er frägt* oder *er fässt an* empfindet der Berliner noch immer als normal, und *war jewesen* wird selbst von halbwegs Gebildeten gebraucht.

Die Passivformen waren den Berlinern offensichtlich nicht umständlich genug: Aus *worden* haben sie *jeworden* gemacht und übertreiben auch das noch durch zusätzliche Einschiebsel: *Det is jemacht jeworden, det braucher sich nich zu jefalln zu jelassen, da hatter sich 'n Spaß mit jemacht jehabt.* Bei *brauchen* wird üblicherweise das *zu* weggelassen – dafür hat der Berliner *jelejentlich een Kleen' zu sitzen un in' Keller noch de Kiste vonne Einkellerungskatoffeln zu stehn.*

Zu den Präpositionen ist schon einiges angemerkt worden. Folgt man Lasch und Schildt/Schmidt in ihren Ausführungen und pickt die zeitgemäßen Formulierungen heraus, so ergeben sich allerlei Abweichungen vom Hochdeutschen. *Anne Erde* (auf dem Boden) sollten die Kinder möglichst nicht liegen. Wenn der Berliner fragt: *Als wie icke?*, stellt er sich dumm und meint damit: *Meen' Se mia?*

Bezieht man sich auf eine unsympathische Frau, so sagt man: *Bei die jeh ick nich!* Oder: *Vata, mir is iebel … – Denn stell dir jefällichst nich so dicht bei mir. Jeh bei Muttern.*

Bekannt ist auch der Satz mit *Muttererde*: *Mutta, ehr de jehst, schmeiß ma noch 'ne Schtulle runta!*

Vor stand früher anstelle von für, aber *vor umsonst* war auch damals nichts, und die Berliner standen mal wieder vor einer schweren Entscheidung.

> *Du kannst ma mal forn Sechser,*
> *weil wia uns beede kenn',*
> *mit blank jeputzte Stiebel*
> *den Puckel runta renn'.*

Lank heißt längs oder entlang: *Wat ick bin, ick jeh daa lank*. *Mank* in der Bedeutung zwischen/unter kommt häufig vor: *Schpiel nich mank de Müllkästn!* Oder scherzhaft *mank de Lindn* für Unter den Linden. Bekannt sind verschiedene Fassungen des Spruchs: *Mank uns mank is (k)eener mank, der nich mank uns mank jeheert.*

'N Kleed mit ohne Ermel kommt nur in Berlin vor. *Nach* haben wir bereits behandelt, und *uff* wird in Berlin auch zeitlich gebraucht: *uffn Mittach, uffn Abent*. Am Morgen aber heißt einfach *morjens* oder *friehmorjens*.

Bein Ssijarrnfritzen um de Ecke lautet eine eindeutige Ortsbeschreibung und *um eenßen rum* eine ebenso anschauliche Zeitbestimmung. *Umme Ecke* ist nicht wirklich Berlinisch.

Wejen zieht im Berlinischen natürlich nie den nicht vorhandenen Genitiv nach sich: *Ick sitze hia bloß wejen den seine Demlichkeit.*

Der Berliner sagt auch *wejen mir* und manchmal

wejen meiner statt meinetwegen. *Von wejen!* ist ein Ausruf der Empörung.

Auch *zu* ist bereits referiert, eine Präposition, die der Berliner gerne anwendet: *Det jeht zum Uffziehn* oder *Da hab' ick keene Zeit zu.* Aber am liebsten ist der Berliner allemal *bei sich Zehause*.

Ähnlich wie bei den Präpositionen gibt es auch bei den Konjunktionen und Adverbien etliche Abweichungen vom Schriftdeutschen. *Daweile* (oder *indem*) *ick noch simmeliere, haut der mia einfach inne Fresse!* könnte eine Berliner Klage lauten, in der *daweile* für während und *simmeliern* für überlegen steht. *Mittlaweile* statt inzwischen tritt ebenfalls häufig auf.

Drum, dran, drin und *draus* sind übliche Verkürzungen in der Umgangssprache: *Drum denk' ick janich dran, det da drinne nischt draus wird.* Worauf der Weise antwortet: *Drum ooch!*

Mit *ob se Jeld hat*, kaschiert der Berliner einen leichten Rülpser – *obste* und *wennste* meinen ob du oder wenn du.

Wie wird gerne zeitlich gebraucht: *Damals, wie ick bei meine Tante waa jewesen ...* Aber: *Neulich, wo ick bei meine Tante waa.*

Weita und *neha wie* stehen oft in der Verwechslung (oder Verdoppelung) mit *als* davor: *Ick schrping ville weita als wie du! – Du bist 'n ja ooch 'n ville jrößra Dussel als wie ick!*

Denn steht häufig für dann und *wenn* für wann. *Wat kiekst 'n?* meint in Wahrheit: Weshalb guckst du so?

Anno Dunnemals meint *jleich nach 'n Dreißichjährjen Kriech* oder *achznleipzicheinunleipzich*, was sicherlich nicht original Berlinisch ist.

Vor dem Gebrauch des Provinzialismus *man* warnen die Grammatiker angeblich seit dem 17. Jahrhundert – vergeblich natürlich. *Die hatten man nischt andret ze tun*, sollte man annehmen. *Man, wenn die wüssten, dettit heutzutare sojar frau heeßn kann, un nich bloß inne Prowinz!*

Oben ist eine Berliner Universalvokabel für alles, was sich höher als die eigene Hutschnur befindet, und *Shirlei, komm oben!* ist eine allen Kindern und Nachbarn vertraute Aufforderung. Sprachgewandtere Mütter rufen: *Schackeline, komm nach oben!* – Herauf meinen sie in jedem Fall. Die gegenteilige Frage lautet: *Kommste runta? – Nee, ick muss ohm bleim.*

Kurt Pomplun, Kenner Berlins und seiner Sprache, leitete den Namen der Obentrautstraße von den zahlreichen sich dort befindenden Kneipen ab, nach deren Besuch *sich Pappa ahms nich mehr oben traut*.

Obenrum bezeichnet die obere Körperhälfte und deren Bekleidung, *untenrum* logischerweise den Rest.

Rum, raus, rin und *ruff* sind wiederum Verkürzungen, bei denen das he- gänzlich verlorengegangen ist.

Wer so sacht, hat noch nüscht jemacht, lautet eine Handwerkerweisheit, die deutlich macht, dass *so* ebenfalls eine Universalvokabel sein kann. *Mutta is so jestorben* (nämlich ohne ärztlichen Beistand), führt Agathe Lasch als Beispiel an, und: *Komm Se doch mal so* – ohne besondere Einladung. Beide Sätze haben ihre Gültigkeit behalten, Laschs drittes Beispiel: *Is se verheiratet? – Ne, se lebt so,* heißt heute: *Nee, se is Singel* (mit stimmhaftem S).

Auch für das Wörtchen *da* hat der Berliner eine gewisse Vorliebe, unterschlägt es aber in *damit*. Dort kennt er sowieso nicht. Lasch: *Da hab ik keene Zeit zu. Da kann ik nischt vor. Fin(d)ste da wat bei? Wat is 'n da dabei. Da denk ik nich dran. Da feif ik druf* und *Meenste mir mit?*

Luthers Satz *Da soll es bei bleiben* kann man heute im Hörfunk vernehmen. Ebenso ist die Vertauschung von *alle* und *ganze* hochsprachliches Allgemeingut geworden. *Die ganzen Leute* sind längst über Berlin hinaus vorgedrungen, wo man natürlich noch immer *'n janzen jroßen Korb voll kooft – un keen halben.*

Janz wat Noblet, sagte man schon zu Laschs Zeiten, *wodran* man wieder mal erkennt, *wodrin* der Reiz unseres Dialekts besteht, nämlich *jenau dadran* und *dadrinne.*

Sind Se ooch nich beese, det ick Ihn' mit die janzen Wörter uffjehalten habe – et waa ja man bloß jut jemeint. Un des 'ne zuje Düre nich offen is, ham Se mittlaweile hoffentlich ebenso begriffen wie die Konjugation von haben: *haick, haste, hatta, hatse, hattit, hamwa, habta, hamse.*

Gewöhnungsbedürftig ist mitunter die Satzstellung im Berlinischen. Statt der lakonischen Hervorhebung des Eingangsverbs oder -pronomens (*Lass dir nich für dumm vakoofn! Dir ham se wohl mit kaltet Wassa vabriht?*) neigt der Berliner beim *Assehln* zu einer gewissen Umständlichkeit: *Wat meine Dochter ihr Embiedel is, der…* Oder: *Un da werd' ick doch den Klamottenkutscha eene rindrehn, det ihm det Ooge drippen dut… – Doch dadrum keene Feinschaft nich*, sagt der Berliner, unterschlägt mal wieder ein D und weiß nichts von doppelter Verneinung, denn: *Mia hat keena nischt nich ze sagen!*

Am Schluss ihrer Ausführungen erwähnt Agathe Lasch die junge schriftsprachliche Konstruktion des *Irrealis* »hätte tun sollen«. Das ist natürlich was für den Berliner: *Det hätt ik man ehr sollen wissen.*

Hinterher ist man eben immer klüger.

Breejenklütrich, aba mit 'n Wuppdich
Der Berliner Wortschatz

Bekannt, um nicht zu sagen berüchtigt, sind der Berliner und mit ihm die Berlinerin für ihren schlagfertigen Wortwitz. Dabei steht ihnen ein umfassendes und bei Bedarf aus dem Stegreif erweitertes Repertoire an Spezialausdrücken zur Verfügung. Wörterbücher anderer deutscher Dialekte konservieren häufig nur die lokalen Abwandlungen einzelner Begriffe, die zahlreichen berlinischen Wortsammlungen hingegen bieten eine Fülle von höchst eigenwilligen und mehrdeutigen Benennungen, denen von vornherein berlinischer Hautgout anhaftet und deren Herkunft oft kaum aufzuklären ist. Sie beginnen gewöhnlich mit *aalen*, worunter sich genüsslich (in der Sonne) ausruhen zu verstehen ist, während *Aalooge* als euphemistische Umschreibung der Enddarmöffnung oft fehlt. Der *Armleuchter* mit gleicher Bedeutung hingegen ist – wie so vieles aus dem Berlinischen – längst allgemeines deutsches Sprachgut geworden.

Aus dem berlinischen Repertoire sollen deshalb vorzugsweise in der Stadt entstandene und noch heute lebendige Begriffe ausgewählt, in eigenwilliger Rechtschreibung festgehalten und – wo notwendig – erläutert werden, wobei auf die zahlreichen Wörter französischen und jiddischen Ursprungs im Wesentlichen verzichtet wird.

Keen Aas bedeutet in Berlin einfach niemand, *een dollet Aas* verdient Bewunderung, *so 'ne Aasbande*, die einem *Jeld abknöppt*, weniger. Mit einem kaltschnäuzigen Menschen, der noch dazu pleite ist, macht man sich nicht gemein: *Jib da nich mit den ab, der 's abjebrannt, det abjebrühte Aas!* Darauf sollte man besser erst einmal *een abbeißn*, einen Schluck trinken, und *vleicht noch een Kleen zum Abjewöhn'*.

Lieba Jott, lass Ahmd wern, wenn't jeht noch vor't Friehstick!, betet der fromme Berliner zu seinem Stadtheiligen Bimbam. *Ach, du heilger Bimbam!* ist ein Ausruf – unangenehmen – Erstaunens. Dass man *Ahmbrot* (Abendbrot) nur in Berlin isst, ist ihm kaum bewusst, aber dass man dabei *nich mit de jute Butta rumaast* – sie verschwendet –, weiß er. Dabei möchte er von guten Sachen durchaus *wat abkriejen*, ärjert sich jedoch, wenn er noch *wat abjekricht hat* vom Regen oder gar Schläge. Im Osten musste man immer die *janze Jejend abklappern*, bis man *wat Orntlichet krichte*.

Det mach dir ma jefellichst ab!, rät man einem mit schlechten Gewohnheiten, *uff sowat fahr ick nich ab! Ooch wenn de dir noch so abjachterst* (abhetzt) oder *dir de Hacken abloofst*.

Abhalten meint das Von-sich-Weghalten eines Kleinkindes bei dessen Notdurftverrichtung. Eine *Abreibung* ist eine Tracht Prügel, man kann aber auch *acht-*

kantig (mit Schwung) irgendwo rausfliegen, wo man gerade *abjeschtunken is* (zurückgewiesen wurde).

Mit der Fauna ist der Berliner eng verbunden, und *der Affe* gehörte (vor Knut) zu seinen Lieblingstieren. *Ick jloobe, mir laust der Affe, du Affenarsch! Kiek ma, so 'n Lackaffe – bei die Affenhitze. Det is ja 'ne Affenschande! Der sitzt uff 'n Bock wie der Affe uffn Schleifstein.*

A(h)nimus ist die (Vor-)Ahnung: *Ick hatte jleich so 'n Animus... Allemachen* kann verbrauchen oder *abmurksen* meinen: mit Gewalt zum *Abkratzen* oder *Abnippeln* (Sterben) veranlassen.

Wenn etwas *alle* ist (siehe: *Ham wa nich!*): *Na schön, denn ehmt 'n andermal* (nämlich niemals).

Amerikaner heißt ein politisch ebenso unkorrekt benanntes Gebäck wie *Kameruner, Mohrenkopf, Negerkuss* oder *Nonneferzchen*. *Sechsersticken* und *Liebesknochen* (für Eclair) sind notfalls zu tolerieren. *Berliner* heißen in Berlin *Pfannkuchen*, kleine dicke Menschen wiederum sind *Fannkuchen mit Beene*.

Ammesiern tut sich der Berliner gerne, manchmal *wie Bolle uff 'n Milchwagen*. Geht es dabei sehr lustig zu, *lacht er sich 'n Ast un setzt sich druff*. *Asten* kann man unter einer schweren Last, *'n Ast* ist aber auch der Buckel: *Wenn eener eene jerne hat un kann se jut vaknusen, denn kann se ruhich 'n Puckel ham – er jloobt, et wär der Busen.*

Amtlich heißt mit Gewissheit, und *uffs Amt* wurde man früher *öftas ma anjeblafft, weil so 'n Sesselfurza ehm ooch ma jerne anjibt wie 'ne Tüte Mücken (oda 'ne Lore Affen).* Heutzutage lässt man sich von *so een nich anmotzen* oder *anranzen*.

Der Berliner lässt sich überhaupt nicht gerne *anlabern, ankohlen, anmeiern, anflaumen, anquatschen* oder *anschmiern* und schon gar nicht *behumpsen* (betrügen). Nur wenn er beim Chef *antanzen* muss, kommt er *anjepeest* (im Eiltempo, angeblich aus dem Englischen) und nicht bloß *anjewackelt* oder *anjetrudelt*. *Een anjebrochener* Vormittag kann sich lange hinziehen, am Abend wird er sich *eene* (Frau) oder *'n Affen anlachen,* also sich *anständich een anäthern,* denn nicht nur im Krankheitsfall kuriert man sich mit *Antijrippin aus de 0,7-Lita-Flasche* und ist dann *anjeduselt, anjeschickert* oder *anjesäuselt*. Na, *astrein* (vorzüglich)! Mancher *Strahl* (ausgiebige Zechtour) haut aber *ooch inne Äppel* (geht ins Geld), und wenn *Mutta wieda runta is von ihr'n Appelboom* (sich beruhigt hat), *is Vata jerührt wie Appelmus* (ergriffen).

Ausjekocht oder *ausjebufft* sind in Berlin wie anderenorts *Janoven, die ein' 's Jeld abluchsen, eenen ausnehm' wie 'ne Weihnachtsjans* und *übern Löffel balbieren,* bis man völlig *ausjemistet* (ohne Geld) dasteht. Hat man das einmal *ausklamüsert* (herausgefunden), kann es sich jeder *selba an seine fümf Finga abklawiern* (abzählen), weil solche Leute meistens schon vorher *wat ausjefressen* (etwas Verbotenes getan) haben.

Das sind noch längst nicht alle Wörter mit den Vorsilben an-, *uff-* oder aus-. *Auseinanderposamentieren* ist nur ein anderes Wort für *auseinanderpolken* oder *-klamüsern* und steht im weitesten Sinne für auseinandernehmen oder erklären. *Atze* (die Koseform von Arthur) stand lange Zeit für Bruder, dann aber auch für Schwester und entspricht *Keule*.

Au Wacker, danke für Backobst! Berlinisch ist eben doch nicht ganz einfach. Trotzdem sollten Sie keinen allzu großen *Bammel* (Furcht, aus dem Jiddischen) haben. *Bammeln* heißt allerdings auch hängen. Solange Sie *keen ausjemachtet Backfeifenjesicht* haben, wird Ihnen *keener eene ballan* (eine Ohrfeige geben), *Ihn' uff de Pelle rücken* (zu nahe treten) oder Sie gar *bejrapschen* (anfassen), es sei denn, Sie sind *barfbeenig bis an Hals*, einfach *splitterfasernackend* und *bibbern* (frieren). Da sind die Leute möglicherweise *baff* (überrascht), und man wird Ihnen schon *beibiejen*, wie man sich zu verhalten hat, sonst *jib's Bambule* (Unruhe). Hauptsache, Sie *vastehn nich bloß Bahnhof*, also nichts. Aber selbst das wäre *keen Beenbruch* (kein Unglück).

Gehen Ihnen etwaige Widerworte zu sehr *anne Niern* (nahe) oder *uff 'n Docht*, *blaffen* Sie einfach zurück: *Oller Blubberkopp, krist jleich eens an Ballon!* – *Soll'n Se mal sehn*, der *staunt Bauklötza* – ist sehr überrascht –, wenn Sie ihm mal *richtich Bescheid stoßen,* und steht anschließend da *wie bestellt und nich abjeholt*! Für heute *is der bedient*, der *beknackte Blubberfritze*.

Hat man einmal angefangen zu *blubbern* (meckern),

muss man *beibleiben* und dem *Bekloppten beibringen*, wie *bescheuert* er ist, *ooch wenna noch so 'n Bekotzten* (Vornehmen) markiert. Zugegeben, dabei kann man sich *nich mit Ruhm bekleckern*, sondern *blamiert ehr de janze Innung*, aber *janz scheen bedeppert* steht der Gegner allemal da, sieht aus wie *ausjekaut* oder wie *Braunbier mit Spucke* (also schlecht) und zieht *bedrippt* (betrübt) von dannen. Letzteres nennt man *auskneifen* (sich weiteren Gefahren durch Flucht entziehen).

Berliner sind gewöhnlich auskunftsfreudig, aber versuchen Sie nie, jemanden zu *belatschern* oder *breet zu schlaren* (zu überreden). *Red' keen Blech* (Unsinn), wird man antworten, *mit so 'n Bockmist kannste bei mir keen Blumtopf jewinn'*.

Radfahrer fahren gerne *'ne Bieje,* manchmal wie die *Besengten* (Verrückten), und wenn sie dabei stürzen, schlagen sie sich leicht *'ne Brüsche* (Beule) *anne Bonje* (Kopf, aus dem Sorbischen) und *det* (oder *die*) *Kniee blitzeblau.* In Berlin *blaken* (rußen) die Kerzen, und auch sonst ist manches ziemlich *belemmert* – unangenehm –, wie die sogenannte Rechtschreibreform, die daraus *belämmert* gemacht hat. Dennoch schiebt mancher *'n ruhjen Bucker* (große Murmel), sitzt da wie *Bräsicke* (besonders behaglich) und nimmt *eenen zur Brust* (trinkt Alkohol). *Na, den Boofke* (Flegel) *wer'k ma mal zur Brust nehmen* (zur Rechenschaft ziehen), sagt man, was leicht mit der Drohung endet: *Wasch dir de Brust, du wirst erschossen!*

Bollen sind sowohl Zwiebeln wie auch Löcher im Strumpf oder Hoden. *Leck ma de Bolln* ist die ursprünglich reichlich unanständige Aufforderung, einen in Ruhe zu lassen, wohingegen *eenen blasen* in Berlin nur die Bedeutung von einen (Schnaps) trinken hatte. *'Ne kesse Bolle* ist ein munteres Kind, und *Bollenpiepen* sind das Zwiebellauch.

Na, is det nich bildscheen? Jetzt *machen wa janz baletti* (eilig – nicht verwandt mit dem neueren *allet paletti*, in Ordnung) *'n Bückling* (eine Verbeugung) und sagen: *Nu brat mir eena 'n Schtorch, aba die Beene recht knusprich!* Womit wir das B erledigt hätten, man wird ja sonst *janz breejenklütrich* (verdreht) und muss am Ende noch *uff Bonnies Ränch* – in die Karl-Bonhoeffer-Nervenklinik in Wittenau, das früher *Dalldorf* hieß. Und da wollen wir nicht mal *aus Daffke* (aus Trotz, gelegentlich auch zum Spaß) hin.

Wörter mit C stammen fast ausschließlich aus dem Französischen, außer *Scharlottenburjer* – nach Bosetzky »jener Akt der taschentuchlosen Entschleimung der Nase«, dessen Ergebnis auch *Aule* heißt.

Dalli (schnell) ist eines der wenigen polnischen Lehnwörter und durch den unvergessenen Hans Rosenthal endgültig ins deutsche Sprachgut eingegangen. Den *Bibi* (Baskenmütze), *Deckel* (Hut) oder die *Dohle* (Damenhut) trägt man *uff 'n Deez* (Kopf) und nimmt ihn erst ab, wenn die *Demse* (schwüle Luft) *zu dicke* wird. Manchen muss man erst mit *de Neese druffstuken*, bis er es merkt, oder ihm *Dresche* (Prügel) androhen.

Dicke ist eines der mehrdeutigen Universalwörter. *Ach du dicka Vata, det is ja 'n dicka Hund! Det dicke Ende kommt nach, da kannste dir noch so dicke tun* (angeben) *mit dein' dicken* (engen) *Freund. Haste nich jesacht, det Jeld langt dicke? Und nu hastet ja nich so dicke! Na, dir hab' ick dicke!*

Dicke Milch gibt es heute dank der Chemie nicht mehr, und *Droschken* (Taxis) fahren nicht mehr mit *Ferde,* sondern mit *Jas,* aber *Dings* bleibt ein multifunktionaler Begriff: *Jib doch ma det Dings da rieba! Nee, det Dingsbums von den Dingsda, den Dingskirchen! Na, det is vleicht 'n Ding. Nu mach keene Dinga, sonst krist 'n Ding, du frechet Ding!*

Ich hoffe, dass die Bedeutung Ihnen nicht *duster* (dunkel, unklar) bleibt, Sie *keen Trauerkloß* (das Gegenteil von *Dollbreejen,* einem ausgelassenen Menschen) sind, *den Dreh raushaben* und den Unterschied zwischen *Dussel* und *Dusel* kennen. *Im Dusel* ist man, wenn man besoffen ist, oder man *hat Dusel,* nämlich Glück, was selbst einem *Dussel* (Dummkopf, auch *Dehmlack*) gelegentlich passieren kann. *Dünnfiff* (Durchfall, auch *flotter Otto* genannt) sollte selbst der besser vermeiden.

Een' druff lassen oder *fahrn lassen* heißt, dem rückwärtigen Magenwind freie Fahrt zu gewähren. Dass da *eener 'n Koffer hat stehn jelassen,* merkten die Umstehenden früher an der *Akustik* (Gestank). Heute würde man Terrorismus vermuten.

Entzwee wurde einst für kaputt (auch *kaputtich*)

oder defekt gebraucht. *Ebent* – in der Sprechweise *ehmt* – sagt der Berliner gerne, *'ne abbe Ecke* ist eben ab und *'ne janze Ecke* eine beträchtliche Entfernung oder ein *hallwejet Ende*, und wenn Sie heute noch hin wollen, ist es *höchste Eisenbahn* – höchste Zeit.

Einkriejezeck spielen die Kinder nur noch selten, aber mit *Eierpampe* (Schlamm) *kleckern* und *manschen* sie noch heute gerne. *Wat kommsten jetz erst anjekleckert*, fragt man einen, der zu spät kommt. Als *olle Eisente* beschimpfen nur noch ältere Berliner unangenehme Weibspersonen, *Eppelkähne* sind übergroße Schuhe, aber *feffa* (wirf, oder *feuer*) *die Botten* nicht einfach so hin. *Fleez dir nich rum* (herumlümmeln), *zieh keene Flabbe* (Mund verziehen), du *Fleez* (Flegel), und *lass die Faxen* (Unfug). Bei dir kann man sich *den Mund fuslich reden*, *du Fatzke* (eingebildeter Schnösel). *Nu flenne* (weine) *man nich jleich! Ick sare dir, dieser Feifenheini, die olle Flitzpiepe, det is 'n richtja falscha Fuffzjer* (ein unehrlicher Mensch oder Denunziant). *Dabei is die Flasche man bloß 'ne Furzkruke* (kleiner lästiger Mensch), *so 'n Fennichfuchsa* (geiziger Kerl), dem man nicht die *(Vorder-)Flosse* (Hand, auch *Fote*) reichen möchte.

Als *Furzmulde* oder *Furzmolle* bezeichnet man das Bett, und was *futsch* ist oder *futschikato*, ist endgültig weg. *Und jetz is endjiltich fuffzehn* (Schluss) *mits* F.

Een schmalet Handtuch ist ein *Hemekin* – einer, *der 'n Kreuze hat wie der Bückling zwischen de Ooren*. Früher hießen auch die *Flohkinos* (meist *Kammer-*

lichtspiele genannt) so, in denen mitunter nur vier Sitze in einer Reihe Platz hatten. Diese Bezeichnungen sind ebenso fast alle verschwunden wie das Wort *Kientopp* für *Kino*. Auch *'n Happen demlich* (ganz schön doof) ist heute kaum noch einer, nur die *happjen* Preise sind allerorten geblieben. *Nu mach ma halblang* (übertreibe nicht), möchte man da manchmal sagen, *sonst mach' ick Hackepeta* (Neuhochdeutsch: Mett aus Schweinfleisch) *aus dir Heini!*

Doch solchen *Heckmeck* (Durcheinander, auch Unsinn) wollen wir besser unterlassen, sonst wird noch *der Hund inne Fanne varrickt*. Manch einer ist am *hellerlichten Morjen schon voll wie 'ne Haubitze* (sturzbetrunken), andere gehen erst abends *een heben* oder *hinter de Binde jießen* und *bleim inne Kneipe hacken* (kleben). Auffallend ist die sprachliche Vielfalt für den Alkoholgenuss und die Trunkenheitszustände. Dabei wird in Berlin bestimmt *nich mehr jesoffen als wie woanders*. Nach *een' orntlichen Hieb aus de Pulle* möchte man sich gerne *hinhauen* (hinlegen) oder *langmachen*, aber *et haut nich imma hin* (passt nicht), und *denn is man den janzen Tach janz hin* (marode). Erst abends kann man endlich *alle viere von sich strecken und fümwe grade sein lassen*. Bald *schnappt man nach't Bette* (gähnt), weil der *Bettzippel zieht* (man also müde ist).

Hin un weck ist man dagegen vor Begeisterung, möglicherweise über *irjendeene Huppdohle* (Balletttänzerin).

Hunni heißt der Hundert-Euro-Schein sicherlich auch anderswo, und wenn *eena hops jejang' is*, ist er tot oder mindestens verhaftet und damit *uff Numma Sicha*.

Eine *Hutsche* ist eine kleine Fußbank, viele Altbauwohnungen besitzen noch eine *Kochmaschine* (Herd) und einen *Hängeboden. Handfeger, Müllschippe* und *Schrubba* bleiben das unentbehrliche Werkzeug jeder tüchtigen Hausfrau. Das alles soll es nur in Berlin geben, oder man hat mir die *Hucke voll* gelogen. *Na, den' wer' ick zeijn, wat 'ne Harke is!*

Dabei sind die meisten Berliner *inwendich* durchaus weichen Gemütes, und dass die Vorsilbe ein- allemal als *in-* gesprochen wird, wissen Sie bereits. Nur bei dem Wort *Injaner* trifft das nicht zu. *Injespunnt is eena, den wo se injelocht* (eingesperrt) haben, und *richtich inballern* kann man nur noch in den wenigsten Wohnungen: stark einheizen. *Idi* lautet die Abkürzung von Idiot, so wie *Hirni* die des vermeintlich Hirngeschädigten ist. *Intus* ist eine der wenigen Vokabeln, mit denen gebildete Berliner ihre Lateinkenntnisse nachweisen, und hängt natürlich mit dem Saufen zusammen: *Der hat janz scheen wat intus!*

Immer dieses *Jiepern* (Verlangen) *uff Alk!* Es ist zum *Jraulen* (Fürchten). *Jebs Jott*, dass die *jewieften* (durchtriebenen) Berliner gelegentlich an was anderes denken, sonst *vadien se, des man se det Jackstick vollhaut.* Aber *für jewöhniglich is man allet halb so jefehrlich*.

Jejenwärtig wird als anwesend übersetzt: *Der is momentan nich jejenwärtig.* Wer jedoch *jejenwärtig nich janz momentan is,* ist zwar anwesend, aber kaum ansprechbar. Für einen *Jokus* (Spaß) oder *Jux* ist man immer zu haben: *Jeh mit Jott, denn jehste nich alleene.*

Bei manchem fällt der *Jroschen fennichweise,* andere *jlotzen sich die Oogen aus 'n Kopp* nach *jedet junge Ding.* Und wer sich *jebumfiedelt* fühlt, dem ist geschmeichelt worden. Dabei schätzt der Berliner *keen Jeseire nich un keen Jewese* (nutzloses Gerede und *Jetue*) und kann *janz scheen jnietschich* oder *jnatzich* (mürrisch) werden, wenn ihm etwas nicht passt oder er *nischt Jescheitet* (Passendes) anzuziehen hat. Oder wenn jemand *juti* (von gut) oder *jetze* für Berlinisch ausgibt!

Zum Bleistift (Beispiel) lieben es gewisse Mitbürger, sich auf Kosten anderer *jesundzustoßen* (zu bereichern), die Opfer sind dann die *Jelack-* oder *Jeblassmeierten. Mein lieba Herr Jesangsvaein!* ruft da der Berliner im zornigen Erstaunen aus, *so 'n Jroßkotz* (Angeber, auch *Jraf Koks vonne Jasanstalt* genannt) *misste man doch jlatt beim Jrips* (Genick, auch *Jrips*: Verstand) *nehm' und eens uff de Jurke* (Nase, auch eine minderwertige Sache oder Ware) *jehm, det ihm der Arsch uff Jrundeis jeht* (er also Angst hat).

Der Gemüsehändler war früher der *Jrünkramfritze, Jullitaucher* (von Gully) sind in Berlin jene beneidenswerten Werktätigen, die legal im Untergrund arbeiten. Falls Sie sich davor oder vor dem fauligen

Jriebsch (Kerngehäuse eines Apfels) ekeln, *könn' Se jlatt 'ne Jriebe* (Herpes, aber auch ausgebratener Speckwürfel) an der Lippe bekommen.

Junge Frau oder *Junger Mann* bleibt man für Berliner Verkäuferinnen bis etwa 107. Erst wenn einer *abjenibbelt un iebern Jordan is*, hat er das Schlimmste hinter sich: Er ist tot und muss nicht mehr *inne Stadt rumjondeln, rumjurken* oder *rumjuckeln* (umherfahren).

Kackstelzen lautet die wenig vornehme Bezeichnung (schlanker) Gehwerkzeuge, *Kabuchte, Kabuse* oder *Kabäusken* ist ein enges Nebengelass, und der *Kahn* verkehrt nicht nur zu Wasser, er ist gleichermaßen auch das Bett (auch *Klappe* oder *Falle*) oder die Haftanstalt, wenn sie einen *jekascht* (ergriffen) haben. *Durch 'n Kakau ziehn* gehört heute zum allgemeinen Sprachgut und bedeutet auf gut Berlinisch so viel wie *uff 'n Arm nehm*. *Kaleika* ist ähnlich wie *Klamauk* eines der zahlreichen Wörter für die schöpferische Unruhe der Berliner: Nimm *den (Käse-)Knief* (das Messer), und *mach nich so Kaleika wejen den Klietschkuchen* (der innen nicht durchgebacken ist)*, sonst kristen Katzenkopp* (leichter Schlag auf den Hinterkopf) oder *eens hinta de Kiemen!* *Keile* (Schläge) führt leicht zum *Knaatsch* (Ärger), wenn nicht gar zu einer echten *Keilerei*, bei der man irgendeinem *Knülch* (unangenehmer Mensch) per *Knallschote eene klebt*, was mitunter zu einem *weichen Keks* führt, einer Umschreibung für geistige Minderbemittlung. *Dir ham se* *woll mit 'n Klammerbeutel jepudert?*, entgegnet man derart Betroffenen.

Uff den Kalmus (Sumpfgras, verwandt mit der nicht sexuell gemeinten *Bumskeule*) *piepen wa nich, Männeken*: Das ist nichts für uns. Es sei denn, wir *bekaspern* (intern beraten) die Sache erst einmal. *Wejen so 'n Kokolores* braucht man nicht gleich *kiebig* (frech) zu werden und *Knall auf Fall* (sofort) den *janzen Klumpatsch* (wertloses Zeug) in die Ecke *zu feuern*, bevor noch mehr *Kuddelmuddel* (Durcheinander) entsteht.

Kiesetich sind heutzutage viele – nämlich wählerisch beim Essen, wollen sie *nur 'n Klacks* (Kleinigkeit) und *kleckern* trotzdem rum. Da kann einem leicht *kodderich* (übel) werden, und man muss *keuzen* oder *jibt Kotzebus Werke raus*. Eine *Kodderschnauze* kommt in Berlin höchst selten vor: ein freches Mundwerk. Den sprachlichen Schwachsinn *in keinster Weise* hört man nur von Journalisten.

Dass *'ne breite Kiste* ein ausladendes Gesäß, *Klärchen* die Sonne und *'ne schwierige Kiste keen Klacks is*, versteht sich von selbst. *Kippe* für Zigarettenstummel steht längst im Duden, *klabastern* wird mit schwerfällig gehen übersetzt, *rumklötern* ist das nutzlose Hin und Her, wenn jemand seine *Klunkern* (Sachen), *Klamotten* (sind auch Steine!) *oder Kledashe* (Kleidung) zusammensucht. Oft sind die *zaknautscht* (zerknittert) – *Knautschke* hieß das stadtbekannte Nilpferd im Zoo. *Kille kille* kommt von kitzeln, *Klafümf* von Klavier, *Kitt* oder *Kohl* kann nutzloser Kram oder Unsinn sein, und wer *Knete im Kopp hat* und *nich aus de Knete kommt*, mit seiner *(Sau-)Klaue* (schlechte Handschrift) *kliert* (unleserlich schreibt), dass es auf *keene Kuhhaut jeht*, der wird wohl *ooch keene Knete* oder *Kohle* (Geld) *bar uff de Kralle kriejen* und bleibt *ewich klamm* (knapp bei Kasse). Eine *Kute* ist eine flache *Kuhle* – einfach eine Bodenvertiefung, *vakuten* heißt verstecken und *inkuten* einheimsen.

Für die, die Flüssigkeitsvokabeln vermissen sollten: Man kann *orntlich kübeln* und sich *een hintern Knorpel jießen, bis man een inne Krone hat.* Anschließend ist man dann *janz scheen knille.* Kleingewerbetreibende sind *Krauter*, ältere Männer *olle Knacka*. Wer *keene Krempe am Hut* hat und als *Landei* vielleicht von irgendeiner *Klitsche* (kleines Grundstück) *uff de Kuhbleeke* (abgelegenes Dorf) stammt, dem kann man alles erzählen. Deshalb wollen wir jetzt *die Kurve kratzen*, um zum L zu gelangen, bevor sich noch jemand *künstlich* (ohne Grund) *uffreecht*.

Un da fang wa jleich los (an): Was ein *langer Labahn* ist, sieht man am Funkturm, der früher *langer Lulaatsch* hieß – eben eine *lange Latte.* Auf den Turm kann man schlecht in *Laatschen* (Pantoffel) *rufflaatschen,* ohne *aus de Laatschen zu kippen* (umzufallen), *ooch ohne eene jelatscht* (eine Ohrfeige, auch *Maulschelle*) zu kriegen. Lernen und lehren gehen im Berlinischen wie im Sächsischen zusammen. Dass *Lampinjong* eigentlich Lampion heißt und *Kastrolle* Kasserolle geschrieben wird, *hat mir keener nich jelernt*. Wer ein angenehmes Leben führt, hat *'n Lenz* – oft als *Laubenpieper* (Kleingärtner) mit *zwee Blumbretta Land*, früher auch *Dachpappeninjaner* genannt. Menschen, die vorlaut *'ne Lippe riskiern*, sind *inne Laubenkollenie* lästig und sollten *liebast jleich Leine ziehn* oder rechtzeitig *loszittern*, nämlich abhauen.

Mancherlei *leppat sich zusammen*, Kaffee ist mitunter auch in Berlin nur *'ne labbrichte Lorke* (unappetitlich dünne Brühe) und kostet in seltenen Fällen *ooch nur 'n lumpichten* Euro. Dafür ist die Marke *Leitungsheimer* (Leitungswasser) durchaus genießbar. *So lila* fühlt sich der Mensch nach diesem Getränk, so lala ist gemeint: mittelmäßig. *Lulle* oder *Lung'torpedo* heißt die Zigarette oder Zigarre, und wer einen kleinen Tick hat, *hat 'n kleen Lüttiti*. Statt *uff 'n Lokus* (Klosett) geht der Berliner vornehm *zu Tante Meiern, 'n Ei lejen* oder *'ne Stange Wasser inne Ecke stelln*.

Mit M beginnt eine Reihe leidiger Wörter: *malle* (leicht geistesgestört), *melanklütrich* (melancholisch), *mickrich, murklich* (unbedeutend, unscheinbar), *miesepetrich* (missgestimmt), *mudicke* oder *mutschich* (faulig), *muffich* (mürrisch, maulfaul), *mulmich* (bedenklich, unwohl), *mohndoof, Macke* (geistiger Tick, Fehler), *Mauke* (die man im Kopf oder in den Beinen hat), *Mief* (dicke Luft), *Murks* (schlechte Arbeit), *Matsch* und *Modder*. Macht irgendein *Macker* (meist in der Bedeutung eines männlichen Begleiters) irgendwelchen *Mumpitz* oder *Menkenke* (Unsinn), *mosert* (nörgelt) *man rum* und *macht ihn zur Minna*. Mit *de jriene Minna* hingegen wurden früher die Festgenommenen abtransportiert.

Marie ist die Brieftasche, als Mädchenname auch gerne in *Mieze* (auch Kosename der Katze) umgewandelt. *Mieken* waren in meiner Kindheit die Mädchen, und wenn jemandem *die Muffe jeht*, hat er *Muffnsausen* (Angst) und *keen Mumm* (Mut) *nich inne Knochn*. Oder er *is mit de Muffe jebufft* – nicht ganz normal. Die *Musspritze* ist der Regenschirm. *Menschenskinda*, und wer *aus 'n Mustopp* kommt, ist selber schuld.

N wie *Nachtijall* (*Nachtijall, ick hör dir trapsen* – ich merke etwas) gibt eine Reihe mittelfreundlicher Schimpfwörter her: *Nappkuchen, Nappsülze, Nieselpriem, Nulpe* – alles Leute, die *jerne nöhln* (langsam sind, unzufrieden nörgeln). *Nischl* (Kopf) gehört in eine Kategorie mit *Neese*, welchselbe man *bejießn* (wieder einmal saufen) oder *voll* (genug) haben kann. *Bin ick Neese*, dann bin ich eben reingefallen, und das wird man mir noch lange *unter de Neese reibn*. Aber man muss es ja nicht gleich jedem *uff de Neese binden* (anvertrauen).

Feije Nille ist ein Schimpfwort, *Nille* alleine eine unfeine Benennung für das männliche Geschlechtsteil. *Nudeltopp* heißt die Radrennbahn, und eine *Nuckelpinne* ist ein altes Auto. *Nuddeln* (drehen) lässt sich der *Leierkasten* (Drehorgel), *'ne ulkje Nudel* ist ein komischer Mensch, und *nobel jeht de Welt zujrunde* – selbst für den Berliner, der nicht *vom Stamme Nimm* (habgierig) ist.

Na, nu fühln Se sich ohm'uff (überlegen) mit Ihren Halbkenntnissen *inne Omme* (im Kopf), *waa? Stehn Se desterwejen nich jleich da wien Öhljötze* (unbeweglich) *mit Ihr'n Öhlkopp* (Kater). *Na, det fehlte noch* (Ausruf ungläubigen Erstaunens), dass wir den *öbersten Obamima* – den *Chef von't Janze* – *samt seine Olle* (Ehefrau) nicht erwähnen, bevor wir *pampich* oder *patzich* (frech, unfreundlich) werden und zum *Pachulke* kommen, einem grobschlächtigen Menschen, der einen *janz scheen piesacken* (quälen) kann, der *Piesepampel* (Schimpfwort). Manche sind eben *richtje Patentekel* (schreckliche Menschen), als *Pack* zusammengefasst, ausgenommen natürlich alle *fein' Pinkl* (bessere Menschen), die *jerne uff 'n Putz haun* (angeben). Na, die *ham wa uff de Pieke* (hegen geheimen Groll gegen sie).

Uff 'n plutz oder *plotz* ist sehr plötzlich. *'Ne Padde* hingegen ist ein Frosch. *Penunse* (aus dem Polnischen) oder *Pinke* heißen *unse paa pooplichn Pimpalinge* oder *Piepen* (wenig Geld). Wer keines besitzt, hat *keene Puseratze*. *Piepe* ist aber auch die Pfeife, und wenn einem etwas *piepejal* oder *schnurzpiepe* ist, geht es *einem am Arsch vorbei*, wie man neudeutsch sagt. Beim *Prepln* (Essen) kann man sich die *Plauze* (Bauch, Wanst) mit *Pampe* (Brei) vollschlagen oder auf die *puplaue Plürre* (auch *Plerre* oder *Plempe* – lauwarme, minderwertige Suppe) verzichten. *Plempe* ist auch die Polizei respektive ihre Bewaffnung, *plemplem* bedeutet verrückt.

Kleine Jungs heißen *Piefke* oder *Piepl* und sind hoffentlich nicht *pimpelich* (empfindlich), sonst müssten sie sich ja die *Platze ärjern* – bis zum Platzen ärgern. *Pladdern* ist heftig regnen, *Plumpe* heißt die Pumpe oder der Brunnen und deshalb auch die Gegend am Gesundbrunnen. *Pissnelke* und *Priemltopp* sind die üblichen Benennungen unsympathischer Mitmenschen. Genauer sollten wir in diesen Niederungen aber nicht *rumpuhlen* (bohren, wühlen), *rumpetan* oder *rumpolken* und auch nicht lange *rumpusseln* (uns mit Kleinigkeiten beschäftigen).

Nu sind Se platt, wie? Dabei wollen wir Sie nicht *uff 'n Proppen setzen* (in Verlegenheit bringen), sondern zum Q kommen, bevor uns die *Puste* (der Atem) ausgeht. Auch bei diesem Buchstaben wollen wir nicht lange *quasseln, quacken* oder *quatschen* – nutzlos reden –, sondern nur mitteilen, dass *Quark* in Berlin *weißa Keese* heißt und ebenfalls ein Synonym für dummes Gerede ist.

Quanten oder *Quadratlaatschen* sind große Schuhe, in denen es *quurkst*, wenn Wasser hineingelaufen ist. *Quetschkommode* heißt die Ziehharmonika, und *quabblich* bedeutet weichlich.

Wenn die *Rabaukn, Racka* oder *Rangen*, kurz die *janze Rasselbande* – mehr oder weniger antiautoritär (aber hochdeutsch!) verzogener Nachwuchs – *Rabatz, Radau* oder *Remmidemmi* macht, schimpft todsicher irgendein *ollet Reff* (alte Frau): *Nu halt' endlich ma euern Rand!*

Daraufhin passiert natürlich *reene janüscht*. Wer wird denn *uff so 'ne olle Schreckschraube hörn*?

Der Nachbar, der bei seiner Arbeit als *Ritzenschieba* (Weichenreiniger bei der Straßenbahn) *mächtich ranjeklotzt* (sich angestrengt) hat, sitzt derweil *in sein' Reitstall* (sehr großes Zimmer), *kiekt inne Röhre* (Fernsehgerät) *irjend'ne Räubapistole, ekelt sich 'n Rachenputza* (Schnaps) *unta de Rotzbremse* (Schnurrbart) *rin* und wird *janz rammdösich* (wirr im Kopf) von all dem *Rummel*. Ist er dann *voll wie 'ne Radehacke* (volltrunken), *weenta* (weint er) *Rotzblasn und Dreierschnecken* vor Selbstmitleid oder muss vielleicht sogar auch noch *reihern* – nämlich *kotzen wie 'n Reiher*. Für *'n richtjen Ringelpietz mit Anfassn* (Tanzvergnügen) ist er jedenfalls nicht mehr zu gebrauchen. Da kann seine Frau *noch so ville sabbern* (reden) und ihn *runtamachn* (ausschelten), bis er *rund is wie 'n Buslenka* (ganz klein, wie *so 'n abjebrochna Riese*): Am nächsten Tag kriegt er vom Chef auch noch *eene rinjewürcht* – eine Abmahnung, weil er, statt zu arbeiten, *bloß rumjammelt*.

Und nu: Ran an Sarch un mitjeweent (mitgemacht), bis der *Sabber* (Speichel) läuft. *Wat is Sache* (was ist los) mit dem S? Wir können es nicht einfach *sausenlassn* (aufgeben) und auf so *schnieke* (hübsche, elegante) Wörter wie *Schrippe* (kostete früher *'n Sechser* – fünf Pfennige – und lässt sich *in' Kaffe instippn*) oder *Salzköter* (Salzkuchen, Roggenbrötchen, das angeblich *Schusterjunge* heißt) verzichten, sonst *jib's Schacht*

(Prügel). Manche *Stiesel* müssen einfach überall *Stoob machen* (Unruhe verursachen, zanken), *Stunk* (Streit) anfangen und *stänkern* (sämtlich mit Sch zu sprechen). Da kann man schnell *eene jeschmettert* oder *jeschohm* kriegen, eine kräftige *Schelle* (Ohrfeige) nämlich. Auch wer zu laut *schallat* (singt), bekommt leicht *eene jeschallat* (Ohrfeige).

Als ich noch ein *Stippi* – oder etwas vornehmer: *Steppke* (kleiner Junge) – war, gab es auch zu Hause noch *Senge* (Prügel). Der Polizist mit dem *Schtuhlbeen* (in den Nachkriegsjahren nur ein hölzerner Knüppel) hieß bei uns *Schampel* und trug einen *Schakko* aus Pappe auf dem Kopf, nach dem man ihn ebenfalls benannte.

Manche Leute müssen ja echt *schindern* oder *schuften* (schwer arbeiten), um sich die Butter *uff de Stulle* (Brotscheiben) leisten zu können. Andere sollten *bei's Schlabban* (schlürfen) von irgendwelchem *Schlabbertutsch* (weichlichem Zeug) nicht so *schmaddan* (rumschmieren), weil sonst alles *schmuddlich* (schmutzig) wird. *Schwoofen, schabbern* und früher auch *scherbeln* bedeutete tanzen. Dabei konnte man sich *janz scheen schaffen* (verausgaben), *vascherbeln* aber heißt verkaufen. Ein *schnoddrijer Schlaaks* (vorlauter großer Kerl) ist zwar ein *Schnösel*, aber noch lange kein *schlimmer Finger* (böser Bube), der manchmal *sitzt* – im Gefängnis nämlich. Ein *schlimma* (verletzter) *Finga* dagegen tut höllisch weh. Der *Schlächter* ist in Berlin der Fleischer oder Metzger, und jeder kennt das

Lied *vom Schlechta Mülla*: Das muss ein schlechter Müller sein ...

Wer *schusslich* (fahrig) ist, muss aufpassen, dass er noch *alle Tassen in't Spinde* (im Schrank) hat – also halbwegs normal ist – und ihm nicht *schwiemlich* (schwindlig) im Kopf wird, wenn er um die Ecke *schmult* (verstohlen späht). Manch einer kann *schpachteln* (essen) wie *'ne siemköppje Raupe* und bleibt dennoch zeitlebens *janz spillerich* oder *'n spacket Hemde*, den *een Stups aus 'n Anzuch stoßen* kann.

Bindfaden ist in Berlin *Strippe, anne Strippe* meint aber auch am Telefon. *Spinatwachtel, olle Schrulle* oder *Stinkstiebl* sind gutgemeinte Bezeichnungen für unbeliebte Zeitgenossen, *Sesselfurzer* oder *Tintenpisser* kommen nicht nur in Berlin vor. Die schon erwähnte *Bumskeule* heißt auch *Schmackeduzjen*.

In manchen Straßen kann man auch heute noch übers *Stuckerpflaster schuckeln* oder *inne Stampe* (Kneipe) für *schlappe* zwei Euro *janz uff de Schnelle 'n Schnäpperken schnasseln, wat schpring' lassn* (etwas spendieren) oder in Ruhe *een schmettern* – womit wir wieder bei den *Suffköppn* oder *Schprittis* angelangt wären. Deshalb hören wir lieber auf *zu sülzen* und *vajessen* den *janzen Sums* oder *Schtuss* (Unsinn). *Nu is Sense* (Schluss) *mit's S*.

Tacko für gut oder in Ordnung sagt man nicht mehr. Doch *tapsig* (ungeschickt) *tapert* (geht langsam) der *tapsende Tatterjreis* (gebrechlicher alter Mann) und muss aufpassen, dass ihn nicht *irjendeen Trampel* (ungeschickter Mensch) *im Tran* (besoffen) umrennt oder er mit *seine Treter* (Schuhe) in eine *Tretmiene* (Hundekacke, Berlins beständigster Straßenbelag – kein Wunder bei den vielen *Tölen*) latscht.

Von der *Traute* (Mut), an der es dem Mann mitunter gebricht, war schon die Rede. Hat er *unterwejens een jetutet* (etwas getrunken), wird ihm vielleicht *trieslich* (schwindlig), was vom *Triesel* herkommt, dem Kreisel der *trieselnden* Kinder. Elektrische Postautos nannten wir früher *Suppentriesel*. Auf jeden Fall sollte Mama den *anjetüterten* (angetrunkenen) Herrn Gemahl nicht zu sehr *triezen* (peinigen), sonst wird er *tücksch* (zornig) und *türmt* (flüchtet) zu seiner *Tussi* (Freundin), der *ollen Transuse mit die dicken Titten.* Die muss aufpassen, *det se nich det Übajewicht* (Gleichgewicht) verliert, die *uff jung uffjebrezelte olle Unke mit ihre unejalen Finga.* Wer weiß, wo er die *uffjejabelt* (gefunden, getroffen) hat. Da sollte sich *unsaeena* oder *unsaeens* besser nicht *rinnhäng* (einmischen), sonst wird man noch *uffjemischt* (in etwas Ungutes verwickelt) und *kricht eene übajebraten* (etwas Unangenehmes ab). Ein Glück, dass die Apotheken noch *uff ham* (geöffnet sind). *Unjeschickt lässt jrüßn!* Aber lassen Sie sich niemals von einem *uffjeplusterten Untabambusel uzen* (von einem aufgeblasenen Menschen niederer Charge verhöhnen), wofür der Berliner auch die Vokabel *va-aaschen* (verarschen) gebraucht. Viele Menschen können solche Kraftausdrücke nicht *vaknusen* (leiden) und bevorzugen daher *vaäppeln*, *vakohln*, *vakackeiern* oder *vahohnepiepeln* für den gleichen Vorgang. Das sollte man nicht so *vabiestat* sehen, sonst sollte man besser gleich *vaduften* (verschwinden) oder sich *vafatzen*. Diese Aufforderung kann man einem, der ohnehin *vaschissen* hat (in Acht und Bann geraten ist), auch etwas milder *vaklickan* (mitteilen): *Vakrümel* oder *vazieh da!* Der *vajnatzte* (verärgerte) Berliner, den vielleicht gerade jemand *valaden* (in die Irre geführt oder übervorteilt) hat, drückt sich gerne *'n bissken vaquaast* (unklar) oder *vakorkst* (verdreht) aus. Hat er sich erst mal *vapustet* (ist wieder zu Atem gekommen), einen *vakasematuckelt* (getrunken) und ein *vassaubates* (verzaubertes) *Brötchen* (eine der 181 ulkigen Benennungen für die Berliner *Buletten* – Frikadellen) *vadrückt* (gegessen), geht es ihm wieder besser, und wir können uns dem W zuwenden. Dabei *is ma so vajesserich* (vergesslich) zumute – *hab' ick ooch nüscht vasiebt* (vergessen, verdorben)?

Von wejen! Als Berliner ist man immer *vorneweck* (an der Spitze) – zumindest mit der Schnauze –, da *würdet mir janz scheen wurmen* (mich sehr ärgern), wenn *wat wichtjet fehln tät* und man mir erst *de Würmer aus de Neese ziehn* müsste. *Nee, nee*, bei uns *jeht allens mit 'n Wuppdich* (mit Schwung) und *husch, husch, die Waldfee* (eilig, auch oberflächlich), jedenfalls mit *eene jewisse Wuppdiezietet* (Geschwindigkeit). Da kann man leicht *wuschich* werden und muss aufpassen, dass einen keiner *beim Wickel nimmt* und 'ne *Wucht* (Tracht Prügel) verpasst. Eine *Wucht* kann aber auch etwas ganz besonders Gutes, *sowat* wie *'ne Wolke* sein, wohingegen der Wasserdampf *Wrasen* heißt und die Unterschrift des Berliners sein *(Friedrich-)Willem* ist.

Der *falsche Willem* war der unechte Haardutt nicht nur bei den Portiersfrauen, egal ob echt oder unecht, er wurde auch *Portjezwiebel* genannt.

Womit wir unversehens beim Z wären, mit dem wir aber auch nicht viel *Zoff* und *Zicken* und *keen Zimt,* also keinen Ärger, Unsinn veranstalten. *Det Fead hatte Zucka,* stellt der Berliner lakonisch fest, wenn ihm das Bier nicht schmeckt. In Berlin darf auch *'n olla Zausel* (alter Mann) nicht *zach* (zaghaft) sein, sonst *ziept 'n* seine *Zanktippe* (zieht ihn seine zänkische Frau) an den Haaren und nimmt ihm *alln Zasta bis uff 'n paa Zaquetschte* ab. Besser, man ist *uff Zack* (passt auf) und lässt sich auf keinen *Zeck* (Aufregung) ein, greift sich den großen *zweeschläfrijen Rejenschirm*, legt *'n Zacken zu* (beeilt sich) und *jeht een zwitschern,* bis man einen *Zacken inne Krone* hat. Aber nicht gleich *übern Zappen haun* (das Trinkgelage übertreiben), sonst *is der Zappen ab* (reicht es)!

Na, denn man zu. Das letzte Wort ist jedenfalls der *Zylindaputza*, ein Synonym für mickrige rauhaarige Hunde und für die *Bumskeule*, auch *Schmackeduzjeh* genannt.

Zwischen Wannsee und Herzberje
Betonung frei nach Schnauze?

Meist betont der Berliner, wie schon Ostwald festgestellt hat, nach hochdeutscher Gewohnheit die Stammsilbe eines Wortes. Aber nicht immer. Besonders bei den Ortsangaben scheint die blanke Betonungsanarchie zu herrschen, und Rundfunk- und Fernsehsprecher entlarven sich dabei leicht als unkundig. Der Berliner, der möglicherweise schon mal in Moabit oder Plötzensee eingesessen hat, fährt zwar zum *Wann*see, wohnt aber in Weißen*see* – einem Stadtteil, der neuerdings zusammen mit Prenzlauer *Berg* zu *Pan*kow gehört.

Zum Stadtbezirk Pankow mit dem unhörbaren W gehört auch *Nieder*schön*hausen* mit einer ungewissen Betonung – die *Schön*hausa (Allee) führt direkt dorthin. Hohen*schön*hausen dagegen hat man mit *Lichten*berg zusammengewürfelt, dessen einstige Ortsteile *Bies*-, *Kauls*-, *Mahls*- und *Hellers*dorf wie auch Berlins andere Dörfer von *Wil*mersdorf bis *Zeh*lendorf sämtlich die erste Silbe hervorheben, während Mar*zahn*, Friedrichs*felde* und Karls*horst* der Endsilbe den Vorzug geben. Es heißt auch Lichter*felde* oder Adlers*hof* – wohin man über das *Adler*gestell gelangt. An dessen Anfang liegt Baumschulen-

weg und in der Nähe *Johannis*thal. Das wiederum grenzt an Niederschöne*weide* – nicht etwa an Niedaschweine*öde*, wie Sie öfter hören werden. Die einst selbständige Stadt Köpenick heißt in Berlin nur *Köp*nick.

Nicht einmal die Endsilbe -au ist ein eindeutiges Indiz für die Aussprache: *Span*dau, *Stra*lau – früher mit -ow geschrieben wie *Trep*tow, *Pan*kow oder *Ru*dow – und mit ähnlich slawischer Endung *Steg*litz und *Lank*witz sind anfangsbetont wie *Witz*leben (Familienname). Die neueren Gründungen Grü*nau*, Froh*nau* und Friede*nau* betonen die Au in ihren bewusst gewählten Namen. Witte*nau* heißt nach seinem Bürgermeister Witte. Eine Irrenanstalt befand sich in Herz*berge*, die Berge sucht man heute aber dort vergebens. Die *Reh*berge und die *Müggel*berge dagegen kennt jeder.

Das alte Doppeldorf (Deutsch- und Böhmisch-) *Rix*dorf hat mit seiner neueren Bezeichnung Neu*kölln* auch die Betonung gewechselt, und in Kohlhasen*brück* betont man nicht den Namen des durch Heinrich von Kleist bekannten Berliner Robin Hood, sondern die Brücke, unter der angeblich der geraubte Silberschatz ruht. In Heiligen*see* ist der See allemal wichtiger als die Heiligen, in *Ruh*leben und Wilhelms*ruh* legt man Wert auf die Ruhe und beim Ge*sund*brunnen nicht auf die ursprüngliche Quelle.

Es heißt *Gru*newald, jedoch Eich*walde* und ebenso *Eich*kamp oder *Buch*holz. Schön*holz*, Lü*bars* und

Waidmanns*lust* sind auf die Endbetonung festgelegt, zwischen *Jungfern*heide und Kölln(i)sche *Heide* wechselt sie, ebenso wie zwischen *Marien*dorf und Marien*felde*.

Bekannt ist der Kurfürsten*damm*, aber *Kur*fürstenstraße wird eingangs betont. Es heißt Potsdamer *Platz*, aber *Rosen*thaler Platz, Brandenburger oder Hallesches *Tor,* aber meist O*ranien*burger Tor. Fremdländische Namen und Benennungen führen zu abweichenden Betonungen: Sa*vig*nyplatz, Sama*riter*straße, Magda*lenen*straße, aber auch Pali*saden*- oder Schodo*wicki*straße, die eigentlich Chodowieckistraße heißt und Chodo*wjetz*ki ausgesprochen werden müsste. Wer den Berlinern eine *Straße der Pariser Kommune* aufdrückt, darf sich hinterher nicht über die Aussprache wundern. Über die Immanuel*kirch*straße hat sich schon Franz Kafka gewundert, dessen Verlobte dort wohnte: Wer war Immanuel Kirch?

Dass die Berliner es seit über dreihundert Jahren mit den Friedrichen hatten, die sie *Friddrich* aussprachen und noch immer aussprechen, weiß man im Allgemeinen. Da gibt es den wiederentdeckten Friedrich*werder*, die alte Kolonie Friedrichs*hagen*, aber auch den *Friedrichs*hain oder die *Friedrich*straße mit dem *Friedrich*stadtpalast.

Auch im normalen Berliner Wortschatz sind Abweichungen im Tonfall und Hervorhebung selbstver*ständ*lich – Loofe*rei,* Kla*mauk* (Aufregung) und Mu*si*ke führt Ostwald als weitere Beispiele an. Bezeichnen Sie mal einen Philharmoniker auf gut Berlinisch Mus*ie*ka – Sie werden vom Erfolg ebenso überrascht sein wie der Berliner, als er erfuhr, es hieße angeblich nicht Trom*p*ete, sondern *Trom*pete.

Also nicht gleich Ka*lei*ka machen, wenn ein alter Berliner Tun*nell* statt *Tun*nel sagt und auch sonst seine individuelle Betonung bevorzugt.

Hungerharke und Renommierpimmel
Berlins angeblicher Volksmund

Dass der Berliner ein Wort-, ja ein Sprachschöpfer beträchtlichen Grades ist, wird niemand ernsthaft bestreiten. Dass er auch ein Sprachverdreher und -schluderer ist, wird man in Kauf nehmen müssen.

Die Vornamen werden, wie überall in Deutschland, verkürzt, verniedlicht oder verballhornt. Da wird aus Anna *Annchen*, aus Gertrud *Trudekin* und aus Christa *Krille*, aus Ferdinand *Nante* (der berühmte Eckensteher), aus Horst *Hotte*, aus Kurt *Kutte* und aus Georg *Orje*. Der Verfasser eines historischen Romans fand den Namen *Lips* bemerkenswert – es ist die Kurzform von Phillip.

Seinem humoristischen Drang zur Verdrehung lässt der Berliner gerne freien Lauf, wie das Beispiel *Schweineöde* zeigte. Da wird aus dem Pergamonmuseum ein *Pergamentmuseum*, aus dem Rosenthaler Platz der *Blasenthaler Rotz* und aus Casanova ein *nassa Koffa*.

Die Anzahl der angeblich im Volksmund entstandenen Bei-, Neck- und Spitznamen für bestimmte Gebäude, Denkmäler oder einzelne Menschen ist Legion und geht zu einem Gutteil auf Journalisteneinfälle zurück, von denen manche sogar den Nerv des Volkes treffen. *Hungerharke* für das Luftbrückendenkmal in Tempelhof, *schwangere Auster* für die ehemalige Kongresshalle im Tiergarten und einige der Beinamen für den lampenreichen *Ballast der Republik* sind wegen ihrer Anschaulichkeit unumstritten.

Was sonst noch im angeblichen Spitznamen des Volkes existiert, sollte man mit Vorsicht genießen. *Renommierpimmel* oder *Protzkeule* für Fernsehturm waren nur einige Gegenentwürfe zum offiziell erfundenen *Telespargel*, zumal jenes weiße Gemüse im DDR-Handel nicht vorkam. *Sankt Walter* hieß der Turm, als sich das Kreuz nicht mehr übersehen ließ, das die Sonne auf die Kugel zeichnete. Das ähnlichen ästhetischen Ansprüchen genügende ICC hat es nie zu einem überzeugenden Berliner Namen gebracht. Das unbeschreibliche Denkmal davor hat man vorsichtshalber abgeräumt, andere Monumente und »moderne« Kirchen in der Stadt sind wenigstens zu lokalem Namensruhm aufgestiegen. Jeder kennt den leerstehenden *Bierpinsel* in Steglitz oder den *Wasserklops* vor dem Europacenter. Bekannt sind auch die *Arbeiterschließfächer* in Marzahn und Hellersdorf – vom kurzzeitigen Akademie-Präsidenten Heiner Müller in seiner zurückhaltenden Art als *Fickzellen mit Fernheizung* bezeichnet. Der bunte Brunnen auf dem Alex hieß von Anfang an die *Nuttenbrosche*, und dass der neue (1984 eingeweihte) Friedrichstadtpalast ein wenig dem Hauptbahnhof Jerewan gleicht, wird niemand ernsthaft bestreiten.

Bescheidenheit ist eine Zier
Berlinische Redewendungen und Reime

Falls es Ihnen noch nicht aufgefallen ist: Das wortkarge Berlinisch beschränkt sich selten auf einen einzelnen Begriff. Wie schon die Beispiele im Wortschatz verraten, sind es oft eher umständliche Redewendungen, die den besonderen Reiz dieser nüchternen Sprache ausmachen. *Berlin We hinten mit een Ding* meint einfach den Wedding, und wenn jemand *'n Kopp kleener (als) wien Dackel* ist, ergibt sich ein deutliches Bild. Wobei der Dackel, der anderswo *Teckel* heißt, sich *man ooch bloß de Beene abjeloofen hat*. Bei Glaßbrenner, Ostwald und den anderen Berlin-Kundigen finden sich Beispiele *ang mass*, wie der Berlino-Franzose sich ausdrückt. Der heutigen *political correctness* entsprechen sie aber selten.

Beim Anblick einer Schwangeren: *Kiek ma, die hat mit 'n Musikanten pussiert. Der hat de Pauke bei se stehnlassn.*

Ein Berliner in Wien: *Wo 's 'n hia der Schottenring?*
  Der Wiener: Schaun S', könnten S' das nicht a bissl freundlicher fragen?
  Der Berliner: *Nee. Lieba valoof ick mia.*

In einer amüsanten Studie hat Heinz Gebhardt sich mit dem Verhältnis der Berliner zu Zahlen, Maßen und Namen beschäftigt. Da steht einer da *wie Piek siem* (ziemlich tölpelhaft), wenn Eisläufer ihre *Achten drehn. Na, nu schleechts dreizehn! Der steht ja wie 'ne Eens* (bewundernswert)! Und fällt der Eisläufer doch mal hin, ist er *in drei Deibels Namen eenszweefix* oder *eensfixdrei* wieder aufgestanden, sozusagen in einer Zeit von *Nullkommanischt.*

Ach du jriene Neune, wundert sich der ungelenke Beobachter, *keene zehn Feade kriejen mir uff det Eis!*

Merke: *Varrickt und drei macht neune,* wobei es auch heißen kann: *Drei mal drei is Donnerstach.* Eine *ellenlange Litanei* dauert oft *bis inne Puppen,* und *ewich und drei Tare* sind eine schier endlose Zeit. Wer jedoch tut, als könne er *nich bis drei zehln,* hat es mitunter *faustdick hinter de Ohrn,* und mancher spürt das *zehn Meilen jejen Wind.*

Die Tautologie heißt in Berlin *doppelt jemoppelt* und machte sich besonders bei den französischen Begriffen bemerkbar, denen man vorsichtshalber die deutsche Übersetzung anfügte.

Berliner Musikinstrumente sind *Schnauzenhobel, Wimmerholz,* und *Schießbude,* Brillen heißen *Schieleisen* oder *Nasenfahrrad,* und das Fahrrad selber kommt auf ein Dutzend mehr oder weniger ulkiger Beinamen.

Vor allem die Modewörter haben die Eigenschaft, sich selbst zu überholen und auszulöschen: *Knorke is dreimal so dufte wie schnafte* und hieß unlängst *affentittengeil.* Anderes wie *manoli linksrum* ist heute schlichtweg unverständlich und längst vergessen.

Am längsten halten sich die gereimten Plattitüden. Wer jemals einen runden Geburtstag mitgemacht hat, dem sind in mühseliger Heimarbeit verfertigte Verse nicht unbekannt. Vor dieser ansteckenden Krankheit waren und sind auch die Berliner nicht gefeit.

> *Bescheidenheit ist eine Zier,*
> *Doch weiter kommt man ohne ihr.*

Weitere Beispiele:

> *Der Stolz, det is det Schlimmste,*
> *Wat de kriejen kannst, det nimmste.*
>
> *Wer Jott vatraut und Bretta klaut,*
> *Der hat 'ne billje Laube.*
>
> *Was nich dein is, lass nich liejen -*
> *Leicht könnt es een andrer kriejen.*
>
> *Man wird ehm alt wie 'ne Kuh*
> *Und lernt immer noch dazu.*
>
> *Jeschenkt is jeschenkt,*
> *Wiederholen is jestohlen.*
>
> *Det Leben is am schwersten*
> *Drei Taje vor dem Ersten.*

> *Hannemann, jeh du voran,*
> *Du hast de jreesten Stiebl an.*
>
> *Hesslichkeit enstellet imma*
> *Selbst det scheenste Frauenzimma.*
>
> *Weene man nich, weene man nich,*
> *Inne Röhre stehn Kleeße – du siehst se bloß nich.*
>
> *Weene nich, et is verjebens,*
> *Jede Treene dieses Lebens*
> *Fließet in een Kellerloch –*
> *Deine Keile kriste doch.*
>
> *Jefehrlich is't, am Leim zu lecken,*
> *Un schrecklich is een hohler Zahn.*
> *Jedoch der schrecklichste der Schrecken*
> *Det is 'n Bierfass ohne Hahn!*

Und schließlich als Krönung Berlinischer Dichtkunst:

> *Ick sitz an' Tisch und esse Klops,*
> *Uff eenmal klopp's.*
> *Ick kieke, staune, wundre mir –*
> *Uff eenmal jeht se uff, de Tier!*
> *Nanu, denk ick, ick denk: Nanu,*
> *Jetzt jeht se uff, erst war se zu!*
> *Und ick jeh raus und kicke –*
> *Und wer steht draußen? – Icke!*

Literaturauswahl

Bosetzky, Horst/Eik, Jan: Das Berlin Lexikon, München 2002.
Bretschneider, Anneliese: Volkssprache in der Reichshauptstadt, Deutsche Volkskunde 1943/Heft 4.
Das große Buch der Dialekte, Wien 2006.
Der richtige Berliner, 10. Auflage, bearbeitet und ergänzt von Walter Kiaulehn, München und Berlin 1965.
Franke, Wilhelm: So red't der Berliner, Berlin 1975.
Gebhardt, Heinz: Berlinisches, Berlin 1979.
Harndt, Ewald: Französisch im Berliner Jargon, Berlin 2005.
Lasch, Agathe: Berlinisch, Berlin 1928.
Nachama, Andreas: Jiddisch im Berliner Jargon, Berlin 2005.
Ostwald, Hans: Berlinerisch, München 1932.
Prochownik, Edda: Da kiekste, wa?, Berlin 1980.
Schildt, Joachim/Schmidt, Hartmut (Hg.): Berlinisch, Berlin 1992.
Schlobinski, Peter: Berliner Wörterbuch, Berlin 1986.
Wiese, Joachim: Berliner Wörter und Wendungen, Berlin 1987.

Von den akustischen Zeugnissen des Berlinischen sind die Couplets von Claire Waldoff, Otto Reutter, Paule Graetz, Fredy Sieg und etliche Tucholsky-Interpretationen auf CD zu empfehlen. Als vermutlich älteste Belege finden sich im Internet Edison-Walzen mit Gustav Schönwald aus den Jahren 1907 und 1913.